Andreas Hoppenrod

**Stammbuch oder Erzölung aller namhaffter ... Fürsten, Graffen unnd Herren Geschlechter, wölche ... innerhalb Tausent unnd weniger Jaren ihre Herrschafften inn den Sächsischen Landen ... besessen ...**

Andreas Hoppenrod

**Stammbuch oder Erzölung aller namhaffter ... Fürsten, Graffen unnd Herren Geschlechter, wölche ... innerhalb Tausent unnd weniger Jaren ihre Herrschafften inn den Sächsischen Landen ... besessen ...**

ISBN/EAN: 9783742898210

Hergestellt in Europa, USA, Kanada, Australien, Japan

Cover: Foto ©Raphael Reischuk / pixelio.de

Manufactured and distributed by brebook publishing software (www.brebook.com)

Andreas Hoppenrod

**Stammbuch oder Erzölung aller namhaffter ... Fürsten, Graffen unnd Herren Geschlechter, wölche ... innerhalb Tausent unnd weniger Jaren ihre Herrschafften inn den Sächsischen Landen ... besessen ...**

# Stammbuch

Oder

## Erzölung aller namhaffter
vnnd inn Teütschen Historien berümpter Fürsten/ Graffen/ vnnd Herren Geschlechter/ wölche vngefehrlich innerhalb Tausent vnnd weniger jaren/ ihre Herrschafften inn den Sächsischen Landen/ zwischen der Elbe vnnd dem Rhein/ vom Hartzwald biß an die West Sehe/ vnd Dänische grentz/ besessen/ vnd volgends ihren nachkommenden biß auff jetzige zeit mit Rhum zu besitzen haben hinderlassen.

Zusamen bracht/ durch

**Andream Hoppenrod/ Pfarrherrn zu Heckstet/ inn der Graffschafft Manßfeld.**

Mit Römischer Key. Mai. Freiheit auff acht jar.

M D. LXX.

## Den Edlen / Gestrengen

vnd Ehrnvesten Herman / Hansen / vnd Wolf-
fen von Weissenbach gebrüdern / Auff Krimitzau vnd
zům Thorm wohnhafftig / deß Heiligen Römischen
Reichs Erb Rittern / meinen günstigen Herrn
vnnd Junckern.

Gottes genad vnd fried durch Chri-
stum zůuorn / Edle / Gestrenge / vnd Ehrnve-
ste herrn vn̄ Junckern / E. G. Hanß von Weis-
senbach wissen sich sonder zweiffel zůberichtē
wie ich etlich mal mit jhr gered von einem Ca-
talogo / oder Stammbůch der fürnemlichen
herrschafften vnnd Graffschafften / so jhe-
mals in Sachsenland gewesen vnd noch vorhanden weren / vnnd
was sie sich darauff vernehmen lassen / Als nemlich daß dise arbeit
jr nur sehr wol gefiele. Wan̄ ich denn nu die zeit vber / so ich vom pre
digen raum gehabt / mich daran gemacht / vnnd also durch Gottes
gnade den selbigē verfertigt habe / weiß ich keinen / dem ich jhn nach
alter vnd löblicher gewonheit möchte zůschreibē vnd dediciern / als
eben E. G. vnd der selben beyden geliebten Brůdern. Dann be-
neben vielen vrsachen / bewegt mich zům ersten E. G. gantz geneig
tes vnd mildes Hertz gegen alle fromme trewe Lehrer vnd Predi-
ger / welchs ich dan̄ mit warheit nennen kan vnd soll / daß mir E. G.
vill gůtthat bewiesen / vnd bin zweiffels ohn / Gott der Herr würt
es hie vnd in jenem leben vnbelohnet nicht lassen / sintemal die ver-
heissungen vnd exempel der Heyligen Göttlichen schrifft / vorhan-
den.

Darnach zům andern bewegt mich auch dazů / daß von wegen
der hocheit E. G. familien / Item vmb desselbigen gar alten Ehr-
lichen herkommens vnd Ritterlichen namens / auch tapffern tha-
ten willē / E. G. rühmwürdigs Geschlecht gerne wolte durch eine
richtige ordenung inn druck bringen. Denn ob ich wol weiß das E.
G. nicht lust haben zům zeitlichen rhům / oder eüsserlicher herrlich-
keyt / jedoch weiß ich auch das Gott saget durch den weisen Man /
Das gedechtniß der gerechten bleibt im Segen. Darumb will ich
E. G. familiam vnnd geburt linien / so viel mir bewust vnnd finden
habe können / auß alten verzeichnüssen der Todeh Register des

## Vorred.

Closters Franckenhausen/ vnnd andern schrifftlichen vrkunden/ alhier kürtzlichen erzehlen/ mit diser tröstlichen zůuersicht/ E. G. werden ja kein mißfallen daran dragen/ vnd haben. Vnnd will als zům grunde vnnd ankunfft E. G. Stammenbaums setzen/ Hansen von Weissenbach/ der Anno 908 auff dem Thurnier ist gewesen zů Merseburg/ vnnd ob es wol an dem/ das E. G. löbliche alt vnd vrältere lange vor diser zeit gewesen/ doch weil sie inn disen landen nicht wohnhafftig/ auch am meisten inn ansehenlichen kriegen/ frembder Königreichen vnd landen sich verhalten/ vnnd Ritterlichen darinnen gefochten/ hab ich den anfang an obgenanntem Hansen von Weissenbach nennen wöllen/ der hat gezeüget zwen Söne

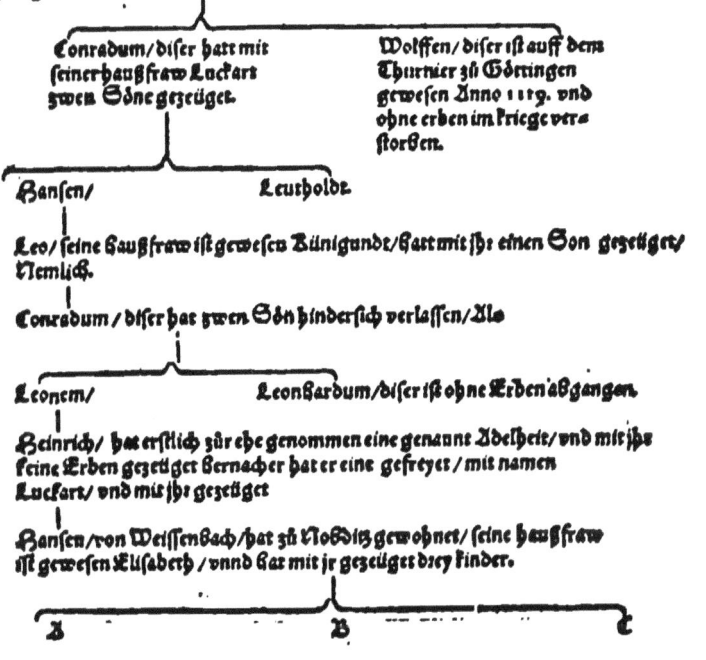

Heinrich/

# Vorrede.

- **A** – Heinrich/diser hat auffm Fuchßhayn gewohnet/vnnd zwen sön gelassen
  - Hans/
    - Nicolaus/diser ist zum Ritter geschlagen/vnd der Herold genannt worden/seine haußfraw ist gewesen Guta/vnnd hat mit jr gezeüget fünff kinder
      - Heinrich/
        - Herr Heinrich/Ritter/ seine haußfraw Elisabet.
          - Herr Nicolaus Ritter
            - Herr Hans Ritter
              - Herr Hans/diser ist bey der Rechten Doctor gewesen zu Zeitz der Kirchen Petri vnd Paulj Propst/ hat Anno 1472 den 17 Januarij der Pfarrkirchen S. Nicolai zu Schmollen vil järlicher Zinß/Einen Altar/Ein hauß für die armen/vnd etlich zinß den armen leuten im Dorff Weissenbach zu ewigen zeiten gestifftet.
      - Dieterich/
      - Gotze/
      - Katharina/hat einen võ Beül witz gefreyet
      - Conradus
        - Petrus/ seine haußfraw Catharina hat zu Weissenbach gewohnet.
          - Herman/seine haußfraw Frederina hat gewohnet zu Weissenbach/vnnd mit jhr gezeüget zwen Söne
            - Peter/
              - Reinhart/seine haußfrawe ist gewesen Künigund Bosin/hat zu Weissenbach gewohnt vnd fünff Kinder gezeüget.
                - D
            - Hahn/diser hat gezeüget mit seiner haußfrawen fünff Kinder
              - Wolff/hat Keyser Friderico lange zeit Ritterlich gedient in vilen Kriegen/als in Meyland/vnd Neapolis wider den König von Franckreich/hat in dem dienst ein sein leben b. schlossen/hat sich offtmal so dapffer erzeigt dz das Pferd vnder jm ist erstochen worden/vnd durch Gottes hülff auff ein ander Pferd/vnd, daruon glücklich kommen ist.
              - Reinhart/ist Thumpropst zu Zeitz worden.
              - Künigund/ hat einen võ Tro gefreiet
              - Martha/ist jungfraw bliben
              - Hahn/ohn erben verstorben.
  - Busso/Ritter vff Ponitz
    - Busso/ Ritter
      - Heinrich/Ist ein Thumherr worden/ zu Meissen Anno 1360.
    - Nicolaus/ 1360.
- **B** – Hans/
  - Dieterich/hat zu Monichswald gewohnet/vnnd gezeüget zwen Söne
    - Conradum/
      - Johan/seine haußfraw Luckart.
        - Eberhart/seine haußfraw Künigund.
          - Dieterich.
    - Leonem/alias Luther hat zu Selkaw gewohnet
      - Heinrich/zu Selkaw
        - Conrad/seine haußfraw Elisabeth
          - Heinrich
  - Conrad/diser hat gewohnt zu Hamburg/sein Son ist
    - Herman/diser ist sampt seinen vettern zum zeügen angezogen/inn einem Instrument/so zwischen dem Burggraffen von Starckenberg Heinrichen/ vnd dem Herrn von Königsberg Friderich/võ wegen etlicher versetzten güter/ist auffgericht worden. 1360.

Es ist wol gläublich das dise Stämme auch haben Kinder gezeüget/vnnd kinder sich verlassen/ dieweil sie aber nicht im Kloster Franckenhausen begraben seind/ ist jhrer geschwigen.

- **C** – Gerdraut.

## Vorrede.

Herr Otto/ Herman/ Ritter. Albrecht/ Ritter Bünigund/ Lucia/
Ritter/ sein Haus=
fraw Elisabeth von Haußig/ wohnt zu Weissenbach/ hat mit ihr drey Söhne gezeüget

Laßn/ sein gemahel Margreth von Breützen

Herman/ zum Albenberg

Johannes/ ist Bischoff zu Meissen worden/

Hans von Weissen= bach

Herman/ hat gewohnet auff Schonfels/ mit groß gehabtem bestlich/ in Preüssen gedienet wider den König von Polen/ ist gestorben Anno 1483. nach Simonis vnd Judae/ist auch ein hoch verdawerer Rahts vnnd Hauptman gewesen der Chur vnd Fürsten zu Sachsen/ seine Hansfraw ist gewesen Herr Dieterichs von Mil= nitz auffm Scharffenberg tochter/ welchs gestorben ist Anno 1504. hat drei Söne gezeüget.

Herr Wolff Ritter auff Schonfelß ist Hauptman zu Albenburg ge= wesen/ hat vom Key= ser Maximiliano ein offentlich Mandat wider die Venediger/ ligt in Welschland zu Vincenz des gra= Ben im Barfisser Kloster Anno 1509.

Herr Hans/ Ritter wonhafftig vff Brimmitz schaw vnnd zum Thorn/ sein gemahl ist Catharina von Einsidel auffm Gnandstein gewesen/ hat gezeüget sechs kinder

Elisabeth/ ist Albrecht von Gottaw/ auff kleinen Saltza vers ehelicht.

Herr Otto/ diser/ als die von Milbingen abstorben/ erlangt den Erbritterstand des heiligen Römi= schen Reichs/ ist geflossen in Beyserlicher Mai. dienst wider die Venediger/ ligt in Welschland zu Vincenz begra= Ben im Barfisser kloster Anno 1509.

Herman/ hat eine vs Schonberg von Lim= pach zur ehe gehabt/ wes ner auff Brimitzschaw.

Hans/ Anfencklich auff Brim= mitzschaw/ jetzüt aber zu Heckstet/ hat erstlich eine vom Reyn von Mölingen

Wolff/ zehn Thorn wonhafftig/ sein hausfraw ist eine vs Mölingen

Elisa= beth/ Otto von Größer Gößs wieewis chelich.

Catharina/ ist jung gestorben.

Hans Otto/ ist zu Meibis gesessen/ vers trawet.

des Siebeform begnadeten Erbritterstandes/ auff dem Reubotag zu Augs= purg erlangt/ vnd durch die fünff Reichs Berolden publicieren lassen/ sein haußfraw Catharina von Hansberg/ hat mit jr 12. zwölff kinder gezeüget.

starben widerumb Inna von Hagen/ von Habs= meroleben/ Oswalden von Trotsttzen nechgee= lassen weibfraw gehelichet.

Joachim/ Hans Wilhelm/ Otto/ Wolff/ Burich/ Herman/ Christoff/ Hieronymus/ alle des heyligen Römischen Reichs Erbritter. Inna/ Catharina/ Elisabeth/ Barbara.

## Vorrede.

Inn diser Genealogia finden sich zwar feine Adeliche / hochverstendige vnd erfarne Männer / welcher viel jres ehrlichen gemüts vnd dapfferer thaten wegen hoch geehret / vnd zů Rittern geschlagen worden seind / wie vnder andern zů ersehen ist an Herrn Nicolao von Weissenbach / so gelebt hat vmbs jar 1360.

Item wie seine hochgeachte leüt seind jetzgedachtes Herrn Nicolaj Erben gewesen. Als sonderlich Johañes der Rechten Doctor vnd præpositus der Kirchen Petrj vnd Paulj zů Zeitz / welcher noch gelebt hat Anno 1472. Item herr Reinhart Thumprobst zů Zeitz.

Auch seind Ottonis võ Weissenbachs nachkomen so hochrümlichen gestiegen / das sein Son Johañes zům gefürsteten Bischoff zů Meissen erwöhlet / vnd bestettigt ist worden. Desgleichen sein Bruder Hermannus / der Chur vnd Fürsten zů Sachsen / trewer vnnd hochgeachter Raht / vnnd ein Hauptman des Voytlands würt / vnd biß an sein ende bleibet.

Endtlichen ist Herr Otten von Weissenbachs geschlecht / vñ allen desselbigen nachkomen / verdrawet der hohe Erbritter stand des heyligen Römischen Reichs / beneben den von Andelaw / Frawenberg vnd Strundeck / vnd haben darüber Anno 1510 offentlich auff dem Reichstage zů Augspurg / võ Keyser Maximiliano eine lobliche Ratification bekommen / welche dann im druck auch offentlich außgangen / vnd noch vorhanden ist.

Damit nun diß hohe alte Edle geschlecht / der von Weissenbach nachmals gerhümet / vnd ehrlich geacht werden möcht / vnnd im Bruñ der vergessenheit nicht dahien fliessen / hab ich die gantze Genealogiam ordentlich gefasset / vnd hieher gesetzt / Vnd bin der tröstlichen zůuersicht E. G. werden an dem kein mißfallen dragen / sondern dise meine arbeit jhnen gefallen lassen / vnd sie beneben andern frommen Christen nach jrem maß helffen schützen / vnd verthädingen wider die Lestermeüler vnd Naseweisen / denen man nichts zů danck schreiben / vñ machen kan. Vnd will also E. G. allen sampt / beneben der selbigen geliebten Haußfrawen vnd Kinderlein / die gnade vnsers Herrn Jesu Christj / vnd die liebe Gottes / vnnd die gemeinschafft des Heiligen Geystes / von hertzen gewünscht habē / das sie bey euch allen sey / Amen. Datum Hecklet den 18 Februarij an welchē der Heylige Lutherus für 24 jaren seeliglichen im Herrn Christo entschlaffen. M. D. LXX.

E. G. Dienstwilliger /

Andreas Poppenrod /
Pfarherr daselbst.

# An den Christlichen
## Leser.

DER Heilige Prophet Oseas / klagt gar sehnlich vnnd ängstiglich vber den Sündlichen zůstand seiner zeit / da er sagt am vierdten Capitel. Höret jhr Kinder Israel des Herren wort / denn der Herr hat vrsach zů schelten / denn es ist keine Trew / keine Liebe / kein wort Gottes im lande / sondern Gotteslestern / Morden / Stehlen vnd Ehebrechen hat vberhand genommen / vnd kompt eine Blůdtschuld vber die ander / darumb würt dz Land jämerlich stehn vnd allen einwohnern würts vbel gehn / doch mañ darff nicht schelten / noch jhemand straffen / denn dein volck ist wie die so die Priester schelten. ꝛc. Gleich also mögen auch wol jetziger zeit / alle fromme / trewhertzige Lehrer vñ Prediger klagẽ / dz es in der welt vbel zůgeht / vnd alle sünden empor schweben / vñ die leüt darinnen noch wöllen recht haben / keine straff leiden / od an nemen zůr besserung. Darumb mag sie auch die straff habẽ dz es in allen landen jämerlich stehet / vnd den einwohnern vbel geht.

Nůn ist vnder andern sünden / die jetziger zeit im schwanck gehn / auch nicht der geringsten eine / dz man nichts so gůt / recht / wolmeinend machen oder reden kan / das es nicht zům ärgsten würt gedeütet vnd aufgelegt / vnd obs wol an deme / das der heilige Petrus saget / dz alles affterreden seine Endschafft gewinnet / weñ vnsere gůte werck an dẽ tag kommẽ / doch geht es in der welt zů wie jehner sagt.

*Calumniare audacter semper aliquid hæret.*

Es bleibt allzeit was kleben / wo Lesterspeichel würt hingeworffen.

Solchs kompt aber von dem Teüffel / der füret den namen / darumb das er heist Diabolus / das er weidlich kan vbel deütten / aftterreden / lestern / verleümbden / vnnd sonderlich was recht vnnd gůt beides von Gott / vnd seinen Christen gethan vnnd geredt / würt.

Wie wir solchs sehen / an dem Wort Gottes das er zů Eua geredt hat / Sie solten nicht essen von dem Baum des erkanntnuß Gůttes vnnd Bóses. Hilff Gott wie verderbet er da sein Lestermaul / wie gebraucht er solche glatte vnnd schöne Lugen / biß er Euam beredt vnd auffsetzet.

Solch

## Vorrede.

Solch sein Meisterstuck hat er jhe vnnd allwege an den lieben Christen bewiesen / daher klagt der heylige Dauid vber solche Lesterzung im 57 Psalmen. Die menschen kinder seind flammen/ jre Zeene seind Spieße / vnnd Pfeyle / vnnd jhre Zungen scharpffe Schwerter. Item im 140 Psalmen / Sie scherpffen jhre zunge wie eine Schlange / Ottergifft ist vnder jhren Lippen.

Solchs lestern / verleümbden vnd angreiffen / werde ich sonder zweiffel auch erfahren / vnd sehen inn disem meinem Büchlein / wie den die Naßweise vnnd vberkläge Welt kinder vnnd Schell Theologen alberad sich haben hören lassen / Es wundere sie nicht ein wenig warumb ich dise arbeyt habe fürgenommen / Seinte mal es erstlich wider den befehl Pauli sey / da er schreibt an Titum / das er sich soll der thorrichten fragen der Geschlecht Register entschlagen.

Zum andern / Sey es nirgent zů nutze das man gleich die familien / die Geschlecht Register der Herrn vnd Fürsten wisse.

Endlichen schreiben sie als gantz gewonnen / Es seind nur zůsamen geraffte Lumpen / vnd Rapsodien auß anderer leüt Bücher vnd verzeichnussen.

Ob ich aber nůn wol weiß / das der heylige Prophet Dauid sagt im 140 Psalmen / Ein böses maul würt gestürtzt werden / vnd d 12 Psalmen sagt / Der Herr würt außrotten alle heüchcley / vnd die Zunge die da stoltz redet / So will ich doch kurtzlich solchen losen leüten wie sie der Psalm nennet / antworten / damit sie nicht gedencken jr lesterdreck sey eytel Bisem / vnd vrsach darnach nemen andere leüt auch anzůgreiffen / vnd auß zůtragen.

Vnnd erstlichen / weiß ich Gott lob sehr wol dz der heilige Paulus an Titum schreibt das er sich sol d' Geschlecht Register entschlagē / Lieber aber was meinet der heilige Paulus für Genealogias? Sihe an die vorgehenden vnd nachfolgenden wort / so würstu befindē was er haben will / Nemlich dz man sol die törichten fragen der geschlecht Register / die da zanck vnd streit geberen / auch gar vnnutz vnd eytel sein / gantz faren lassen. Als die Juden auff jren Stammenbaum drungen / vnd so gnaw darauff stunden / das sie auch darmit brangeten / vnd schier als dardurch Gott wolten die nähsten sein / vn da es andere nit hattē / sie verachteten vn zů werck legten. Item sie liessen anstehn Gotes wort / gesatz / vnd die rechtē Gotes dienst / vnnd begaben sich auff die Stammenbäum des Herrn Christi /

## Vorred.

Mariæ vnnd Ioſephi die gründlich züerforſchen/ gleichſam als were darinnen die Seeligkeyt/ vnd das Ewig leben zů finden.

Wie denn Euſebius ſchreibt/ das Aphricanus der alte Hiſtoriographus/ an Ariſtidem ſol geſchrieben haben/ vnd verworffen die Geſchlecht Regiſter aller derer ſo für jhm die ſelbigen zůſammen getragen hatten/ von Chriſto vnd Maria/ auß den vrſachen wie ob gemelt/ vnnd ſeine meinung an den tag geben. Diß zancken/ das gantz vnnötig/ vnd eytel iſt/ verwirfft der Heylige Paulus/ vnnd nicht die Stammenbeum der Fürſten vnd Regenten/ wa man ſie haben kan/ ſintemal ſie/ wie bald folgen wirtt/ zům rechtē verſtand der Hiſtorien nicht wenig nutz bringen. Vnd ſo es an ſich ſelbſt ſünde were Geſchlecht Regiſter machen vnd auffrichtē/ warumb hat denn der heylige Geiſt ſelbs beydes/ der frommen vnd böſen/ geburt linea verzeichnet/ Als wir an Abels/ Cain/ Abraham/ Iſmahel/ Jacob/ Eſau/ vnd vaſt an allen Ertzuättern/ vnd darnach durchauß auch in allen Hiſtoriſchen Büchern der Bibel ſehen. Summa den mißbrauch/ aberglauben vnnd hoffart/ ſo man damit ſucht/ ſtrafft S. Paulus/ vnd nicht waß nutze vnd gůt darinnen iſt.

Zům andern/ das ſie ſchreiben / es ſey eine vergebliche vnd vnnutze arbeit. Hierauff will ich jhnen alſo antworten/ dz ſie jre thorheit mögen ſehen/ inn bedrachtung das der weiſe Man ſagt/ Einem Narren antworte nach ſeiner Thorheit/ das er ſich nicht laſſe klůg duncken. Es iſt ein ſprichwort/ Wan wir nicht alle können dichten/ ſo wöllen wir doch alle richten/ Das iſt etliche jar her gewaltiglich practicirt worden/ vnd nimbt jhe lenger jhe hefftiger zů/ alſo das auch Bawr vnd Burger/ gelerte vnd vngelerte/ ſich vnderſtehn die ſchrifft zů meiſtern vnd zů vrteylen. O deß Richtens/ viel beſſer were es/ ſie blieben ſchüler vnd jünger der ſchrifft/ denn ſolche vnzeitige Richter vnd Meiſter/ ſo möchte es auch beſſer ſtehn in allen Religons ſachen. Dieweil ſie dañ ſolches Richtens nůn gewohnet/ vnd inn hohen ſachen gebraucht/ iſt nicht wunder das ſie auch kommen in geringe händel vnd Bücher/ vnd da nach jrem gůt duncken innen wüllen.

Das jr richten aller falſch vñ vnrecht ſey/ erſcheinet auß den groſſen nutzungen ſo auß diſen Hiſtoriſchen anzeichungen erfolgen.

Dañ erſtlichen ſicht man darauß gewaltiglichen/ wie Gott im Himmel ſo wunderlich einen menſchen/ auch geringes ſtandes/ herfür zeücht/ vnd ſetzt jhn zům hohen Regenten/ der Welt mit gůttem recht/ vnnd gerechtigkeit vorzůſtehen. Als da nimbt er den

trewen

## Vorred.

trewẽ vnd fleissigen haußvatter vñ præceptorn der kinder Ottonis des Keysers/ Hermannum/ vnd macht jhn zům Hertzogen in vnder Sachsen/ vnd Churfürsten des heyligen Römischen Reichs. Da nimbt er Lotharium einen Herrn zů Querfurdt/ vnd Graffen zů Arnsberg/ setzt jhn zům Keyser des Römischen Reichs. Also bekrefftigen dise Exempel die wort der heyligen Junckfrawẽ Maria/ da sie singet/ Er stosset die Gewaltigẽ vom Stůl vnd erhebet die Nidrigen.

Zům andern/ zeygt dise kurtze verzeichnuß an/ Wie Gott der Herr eüsserliche Regiment vnnd frummer Christlicher Regenten Geschlechte erhelt/ vmb Zůcht/ Friede/ Gerechtigkeyt/ vnnd der reinen seeligmachenden Lehre willen. O wie viel Reich der Welt giengen dahin/ vnnd weren allbereith zůstoben/ wenn Gottes wort thette/ vnd die frommen Christen mit jhrer vorbitt vnnd gebet/ vmb derer willen bleiben land vnd leüth/ haben Segen vnd glücklicher wolfart.

Wie nůn Gott der Herr Land vnd Leüth segenet vmb gerechtigkeyt vnd seines worts willen/ Also strafft er sie widerumb/ vmb der sünde vnd verfolgung willen seines namens vnd fromer Christen. Wie denn im Propheten Daniel steht am 2. Capitel/ Du setzest König ab/ vnd setzest sie ein. So lange Hermanni geschlecht des ersten Hertzogen inn vnder Sachsen fromm war/ so lang hat es glück vnd segen von Gott/ welchs sich biß iñ das fünffte glid erstreckte. Als bald es aber abfiel vom Christen glauben/ vnd die vnderthanen mit vnerhörten schatzungen druckte/ auch vrsach mit seinem wanckelmůt vnd nichthaltung der gethanen pflicht/ zůr verderbung der lande gab/ můste sein name außgerottet werden. Denn es heißt/ perut memoria impij,iusti autem manet cum laudibus.

Zům dritten/ sihet man allhier auch gewaltiglich/ alß inn einem Spiegel/ wie Gott den zůrrütten vnd zůrfallenen Regimenten auff hilfft durch fürtreffliche hohe personen/ so im regiment wie der Morgenstern leüchten. Alß das regiment bey den Orientalischen Keysern einen grossen fall bekommen/ hatte Gott Carolum den Grossen erwecket/ vnnd durch jhn das Römisch Reich inn Occident lassen wider auffrichten. Also hatte er auß dem Geschlecht Widekindi geben Heinricum Aucupem/ vnd die Ottones nach einander. Weiter da Keyser Heinrich der fünfft hatte das Regiment/ sonderlich in Sachsen schändlich verwüstet/ da gab Gott der Herr den Lotharium/ Graffen zů

Quer-

## Vorrede.

Querfurt der halff jhm wider auff. Item da Heinrich der Lewe durch seinen stoltz dem Hertzogthumb Sachsen einen mechtigen abbruch gethan hatte/ erweckte Gott auß dē Anhaldischen Stam̄ Albertum den Beern genannt/ der halff jhm auch wider zům vorigen stande.

Zům vierdē/ zeigt vns diser Catalogus oder Stam̄buͤch vil schoͤner Exempel hertzlicher tugenden/ der gehorsame/ der sonderlichen stercke/ vn̄ dapfferkeit/ geduldt/ Gottseligkeit/ keüscheyt/ gerechtigkeit. Also da Hermannus sieben Bawren die er zů eygen hatte/ hinrichtē liesse nach dem sie auff der Strassen geraubet hatten. Item haben die Hartzgraffen nicht eine gestrenge gerechtigkeit bewiesen an Graff Dieterichen von Wernigeroda/ da sie ein Feldgerichte vber jhn gehalten/ vnnd also balde jn vmbbracht/ nach dem er solte den Landfriede gebrochen haben/ wie Crantz schreibt in Saxonia sua lib.9.cap.7.

Zům fünfften / lernen wir alhie auch Gottes zorn vnd straffen vber Sünde vnd Missethat/ mit zůrrüttung der Herrschafften vn̄ veränderung länder vnd leüte. Die Herrschafft Winsenburg hat ein ende nehmen müssen/ alß der letzte Graff Hermannus ist erstochen worden/ von wegen des begangnen Ehbruchs/ vn̄ hat sie das Stifft Hildesheym an sich gezogen. Der Graff von Ebersteyn ist vmb des auffthůrs willen/ wider seinen eigenen herren angefangē/ mit den beynen auffgehenckt/ biß er also gestorben.

Zům letzten / erjnnert vns auch diser Catalogus oder Stam̄buͤch 8 herrlichen wort Danielis am zwölfften Capitel/ da er also sagt/ Er würt denen so jhm helffen stercken Maosim mit dem frembden Gott/ grosse ehr thů/ sie zů Herren machē vber grosse güter/ vnd dz land zůr lehen auftheilen. Solche wort können wir inn rechter betrachtüg der Historien in disem Catalogo od Stam̄buͤch ein wenig verstehn. Denn hat nicht der Bapst fast alle Herrschafften vnnd Graffschafften zů sich gezogen/ vn̄ denen geben zůr Lehen/ so jm haben helffen seinen Gott Maosim stercken/ vnd seine dienste fortsetzen? Es werden vber hundert Herrschafften alhier angezogen/ darunder jr wenig vorhandē/ die Dochter (wie Bernhardus sagt) hat die Mütter gefressen/ wie für augen zůsehen/ daß die Stiffte vnd Clöster/ haben jre Stiffter verschlungen.

Dise vnd vil andē Nutzungē mehr findē sich in fleissiger verlesung dises kurtzen Catalogi oder Stam̄buͤchs. Darumb mögē die Lestermeüler wol schweigen/ vn̄ jren Zaan an einem scharpffen Schleiffstein

## Vorred.

stein wetzen vnd diß arme Hopffenstreüchlin mit frieden lassen/ welche ich auch zum fleißigsten hiermit will gebetten haben.

Zum dritten/ Das sie auch mit weitem Maul brüllen/ Es seind nur Rapsodien vnd zusammen gelesene Lappen/ mag ich wol leiden/ inn milter bedrachtung das ich auß den fingern nicht hab saugen können solche alte Historien vnnd familien/ sondern hab sie nemen müssen da ich sie gewußt zu finden/ vnd achte es viel besser sein warhafftige dinge schreiben den etwas auß eygenem kopffe erdichten/ vñ also zu Marckte bringen/ wie offt geschicht/ vnd mit solchen doxis vnnd eygenem erdichtem fürgeben der warheit weidlich gewalt würt zugefüget.

Ich will aber hie freüntlich gebetten haben/ da jhemand were der bessern vnd weitleüfftigern bericht hette/ oder wuste jhn zu bekommen von disen historien/ der diene hiemit günstiglich der warheit/ vñ helffe vmb oberzelten vrsachen willen/ das solches mit der zeit auch ans liecht kome/ vñ wolt Gott es möchte diser Catalogus oder Stammbuch eine anreitzung sein dz sich vil herfür machten/ vñ brechten an den tag die alten geschicht der Sachsen/ das man als denn eine gewisse/ vnd weitleüfftige Historien haben möchte.

Am ende muß ich dz auch sagen/ ob man ja mit mir zufrieden sein wolte/ das ich disen Catalogum oder Stammbuch habe dem Ehrwürdigen/ vnd wol erfarnen in allen Historien/ M. Cyriaco Spangeberg/ der Kirchen zu Manßfeld Dechant præsentirt/ vnd vmb seine Censur gebetten/ die er mir denn gutwilliglich mitgetheilt/ vnd also nicht wenig zu diser arbeyt geholffen hat/ Gott dem Herrn in seinen schutz befohlen Amen. Anno M. D. LXX.

IN ZO.

# IN ZOILVM.

Mein lieber Meister Zoilus/
  Wenn du bist ein Theophilus/
An dich ist das mein freündlich bitt/
  Du woltest mich verdammen nit/
Dan dir bekant ist Gottes wort/
  Das solchs verbeüt an allem orth.
Ich hab gethan waß ich gekundt/
  So du waß weist/ist dirs vergundt/
Schreib/ red/ dicht auch was warheit ist/
  Vnd sey darin ein recht Sophist/
Ich aber leider fürchte das/
  Es gehe mit dir/wie jhener was/
Der alls verschmacht/was er nicht wust/
  Vnnd nur am seinen hatte lust.
Denn kunst pflegt keinen feind zů han/
  Dann einen vnerfarnen Man.
Derhalben laß du dein stumpfiern/
  Man würt dich sonst auch Registriern.
Denn du wol weist deins vorrahts Ehr
  Wie klein sie ist/ich sag nicht mehr.

    Quod sis, esse velis, nihilque malis.  Vale.

## IN EVNDEM

Quid stas? cur librum naso suspendis adunco?
  Distrahis ad patulas ora quid ampla tuas?
Μωμίζυν facile est cuiuis, sed rite μμίζυν
  Qui queat, ex multis unus & alter erit.
Si nescis, tenta, multum sudabis, & ista
  Verba tamen dices: Hoc opus, hic labor est.

### LITHÆVS.

# IN CATALOGVM CO-
## MITATVVM TOTIVS SAXONIAE
Reuerendi & Doctiss: uiri, D. Andreæ Hoppenrhodii,
Pastoris Ecclesiæ Heckstetensis Epi-
gramma ad Lectorem.

*Digna utris laus est, & gloria digna fauore,*
  *Plurima terrarum peruolitasse loca,*
*Hinc, quia multorum mores cognouit, & urbes,*
  *Dulichius claret sydera adusque poli.*
*A multis summa celebratur laude Poëtis*
  *Expertiq́ uiri nomen adeptus habet.*
*Ast alius contrà ridenda est fabula uulgi,*
  *Qui patriæ egreditur mœnia nulla suæ.*
*Laudandum est igitur studium laudandaq́; docti*
  *Hopprbodij uirtus ingeniosa uiri,*
*Quòd ueterum Historias uoluens iterumq́; reuoluens*
  *Magnæ permensus sit regionis iter.*
*Namque animo uigili latè loca cuncta pererrat,*
  *Quæ nunc Saxoniæ gens populosa tenet.*
*Nec tantùm terras lustrat: sed digna relatu*
  *Quæ sunt, ingenua sedulitate notat.*
*Terrarum Dominos & gesta recenset eorum,*
  *Sæpe etiam certi quæ sit origo loci.*
*Conuenit hæc homini studiosa scientia, præter*
  *Cætera qui debet nosse quod antè fuit.*
*Nouisse ante oculos quæ sunt præsentia sola,*
  *Ista decet brutas inscia uita feras.*
*Quare Saxonicas qui res cognoscere gestas*
  *Expetis, & quo sint quælibet acta loco:*
*Hunc lege concinna scriptum breuitate libellum,*
  *Qui claudit gyro grandia sensa breui.*
*Si titulum spectes & uerba, Catallogus esto,*
  *Si res, tunc operis non breuis instar erit.*
*Grata igitur mente hoc, Lector, fruitare labore,*
  *Tempora & autori læta precare. Vale.*

                    Bartholomæus Stein F.

# Catalogus / vnnd verzeichnus der fürnembsten Graff vnd Herrschafften / so inn gantz Sachsenlandt vorzeitten gewesen / vnnd zům theil noch vorhanden seind.

**A**denhausen eine Graffschafft / ist gelegen vnder Magdeburg inn der Marck / es hat darzů gehöret die Osterburg.

Herr Wernher Graff zů Osterburg / des Ehelich gemahel gewesen Fraw Helida Marckgraff Otten zů Soltwedel / des grossen Graffen zů Ascanien Tochter.

Anno 1210 hat gelebt Graff Seyffert von Aldenhausen / dem hat Marckgraff Albrecht zů Brandenburg das Städtlin vnnd Schloß Osterburg abgewonnen / vnd widerumb zůr Marck gebracht. Brottauff lib. 2. Cap. 8. in Genealogia Anhaldiorum.

Anno 1352 hat das Stifft Magdeburg dise Herrschafft innen gehabt / denn da zwischen den Thumherrn vnd Burgern ein grosser vnwill entstunde / von wegen etlicher Bürgschafft / damit die Thumherrn für Bischoff Otten verhafft waren / der den Burgern groß gelt abgeborget / vnd die Thumherrn die Burger nicht bezalen wolten / kam es zů einem kriege. Also das die Thumherrn sampt iren genossen auff die Burger raubeten / ihnen das vieh namen / wurden die Burger auch verursachet sich zůr gegenwehr zů stellen / vnd zogen auch auß mit wehrhafftiger hand / nahmen dem Stifft vil Heüser ein / da wurden vnder anderen auch Aldenhausen von den Burgern eingenommen / vnd gar außgebrandt. Chro. Magd. & Saxo.

Anno 1371 hat der 31 Erzbischoff zů Magdeburg Albertus vom Sternberge / dise Herrschafft vom Stiffte verkaufft / wie andere heüser vnd Herrschafften mehr / dann er vbel hat haußgehalten. Chro. Sax.

Anno 1383 hat Albertus von Querfurt Erzbischoff zů Magdeburg dise Herrschafft wider ans Stifft bracht. Chro. Saxo.

**A**lsleben ein Schloß vnnd Städtlin dabey / ligt an der Sa-

lah vnder Hall. Ist vor zeiten alda eine feine Graffschafft gewesen.
Es schreiben etliche/ das sie auch für Carolo Magno soll daselbst
gewesen sein/vnd der zwölff edlen einer/ so in Sachsenland regiert
haben/ alda seinen sitz vnd wonung gehabt.

Anno 974 hat alda gelebt vnnd regieret Gero Graff vnnd
Herr zů Alsleben/ der hat gestifftet das Kloster daselbst / hinder
dem schloß gelegen / inn die ehr S. Johannis des Teüffers/ hatte
keinen männlichen Erben/ sonder nur eine Tochter Adala genañt/
die gab er einem Edlen Ritter Friderich von Schacken genannt/
der seinen sitz inn Schackenstet gehabt / dem auch das Schacken-
thal vnder worffen gewesen. Endtlichen ist diser Gero schendt-
lichen vmbkommen/ Es war bey Keyser Otthone Ruffo einer
genannt Waldo/ der hat jhn bey dem Keyser mit vnwarheit an-
gegeben/ also das er einen kampff (wie dazůmal gebreüchlich ge-
wesen) mit obgenanntem Waldone auff dem Marsen für Magde-
burg thun müste/ da sie denn beyde seind todt blieben. Als nůn
der Keyser solchs erfaren/ ist er dar kommen/ vnnd den Graffen/
ob er gleich todt war/ enthaupten lassen/ vnd jnen zů begraben ver-
boten/ damit er also von den vögeln inn der lufft gefressen würde.
Da machte sich auff Adala seine einige Tochter / zog zům Keyser
vñ bewilligete/ do jr der Keyser jhres vattern leichnam geben wur-
de/ so wolte sie widerumb jr vorwerg vnd güter/ ins Gotteshauß
zů Magdeburg geben/ das denn also geschehen ist. Anno 979.
Chro. Magd. & Lambertus Schaffnaburg.

Hernach ist die Graffschafft andern gelauhen worden/ deñ An-
no 1105 hat aldo gewohnet ein Graff Vdo genannt/ der es mit
dem Keyser wider die Sachsen jhe vnnd allwege gehalten. Der-
halben haben jhn die Sachsen auff seinem hause belegert/ vnd dar
zů halff redlich Bischoff Heinrich zů Magdeburg / damit er sich
rechnet an dem Keyser / dieweil er jhnen zůvorn auß seinem Bi-
sthumb vertrieben hatte/ vnnd auch nicht wolte gestatten/ das er
solte zů Magdeburg ein Bischoff sein. 2c.

Da sie jm aber das hauß nicht mochten abgewinnen/ thetten sie
grossen schaden mit rauben vnd brennen im abziehen. Chro. Saxo. &
Magd, in vita 10. epis.

Anno 1151 hat gelebt Graff Heinrich von Alsleben vñ dessel-
bigen jars gestorben/ wie die Sachsen Chronica sagt/ vñ diser mag
villeicht der letste Graff daselbst gewesen sein / vnd ist also dz haus
mit aller zůgehörung vnd Gütern dem Bischoff vnnd Stifft zů
Magde-

## Stambůch.

Magdeburg heim gefallen/ vnnd ist also bliben/ biß auff das jar 1372/ da hat sie Bischoff Albrecht vom Sternberge vom Stifft verkaufft/ für 200 Marck.  Chro. Saxo.

Gumpertus vnnd Heinrich von Alsleben haben eine huffe landes zů Pelleben dem Kloster Widerstett auffgelassen.

Heüt zů tage haben dise Herrschafft innen die Edlen Junckern von Krosigk/ welcher grosvatter gewesen ist

Lorentz/hat gezeüget 5 Söne

| Friderich/ one Erben | Carol. | Henrich diser hat eine von Wertern/zeüget mit jr 8. Kinder/3 Töchter vnd 5 Söne/welche seind | Caspar/ Andres helt Hauß zu Erxleben. | Volradt/ Volradt wonet zu Besem vber der Sala. |
|---|---|---|---|---|
| Lorentz. | Heinrich. | Adolph. | Albrecht. | B. Georg. |

Dise Junckern haben Alsleben vnder jrer regierung/ vnnd besitzen es mit gůtem friede.

**Aluensleue** Ein Graffschafft im Stifft Magdeburg gelegē. Der 18. Bischoff zů Hildesheim Vdo/ist ein Graff võ Aluensleue gewesen/hat gelebt Anno 1079/hat in die 35 jar regiret/weil er aber vom Keyser Heinrico 4 ist zum Bischoff erwehlet wordē/ hat er auch bey jm gehalten/ vnnd von jm nicht abfallen wöllen/ vnd jhn helffen verfolgen/wie die anderen Sechsischen Herrn thaten. Derwegen er auch grossen haß auff sich geladen/ ist endtlich vberzogen wordē von den Sachsen/ vnd nach grossem schaden gezwungen frieden zů machen mit den feinden/ darnach hat er in gůtem friede gesessen. Brusch. in vita huius episcopi.

Die Marckgraffen zů Brandenburg haben dise Herrschafft/ als sie ist loß gestorben/an sich bracht/ die jnnen gehabt biß auff das jar 1238/ da hat Otto Marckgraff zů Brandenburg einen krieg angefangen mit Ludolpho Bischoffen zů Halberstatt/ der ein Graff von Schladem/ vnd in der ordenung der 23 Bischoff war/ vnnd als der Marckgraff im streit gefangen vnd sich lösen můste/ gab er dem Bischoff zů Halberstatt 1600 Marck Sylbers/vnnd die Burg zů Aluensleuen mit dem lande. Chro. Sax.

Der Bischoff aber zů Halberstatt behielt dise Graffschafft nicht lange/ sondern verkauffte sie dē Ertzbischoff zů Magdeburg/ Lu-

## Stambůch.

dolpho vō Dingenstat/der sie also zům Stifft bracht Anno 1260. Chro.Magd. in vita Ludolphi Metrop.lib.8.cap.11.

Es seind auch etliche hernacher von den Bischoffen zů Magdeburg damit belehnet vn̄ für Ritter oder Hauptleüte des Bischoffs geachtet worden/als Anno 1278 hat gelebt Sumbrecht von Aluensleue des Bischoffs hauptmā/welchen d Bischoff Herr Bernt von der Welpe/hat wider Herr Falckē vnd Cůrt von Redern/die seine feinde warē/geschickt/sampt herr Burckhart Lappen mit gůter růstung/Aber sie verloren den streit bey Besenburg/vnd wurdē erlegt inn die 320 Ritter/dauon das Bisthumb grossen schaden nam. Chro.Magd.in vita 24.epis.

Item Anno 1467 hat gelebt Friderich vnnd Bernt von Aluensleuen/welche der Ertzbischoff von Magdeburg Johañes ein Hertzog auß Beyern/auff dem schloß Caluort/darauff sie waren/belägerte/darumb das sie der stat Magdeburg feinde waren/vnd auff sie geraubet hatten/ auch den Dantzigern groß gůt genommen. Sie ergaben sich aber balde/vnd gaben auch das genom̄en gůt wider/damit ward aller vnwille hingelegt/vnnd lebten hernach in gůtem friede vnd růhe/wie dann noch heüt zů tage das geschlecht vorhanden ist/vnd seind from̄e Christliche Junckern. Ludolph vnd Joachim haben Gotts wort lieb vn̄ werd/helffen auch die reine lehr des Euangelij beyneben etlichen andern Gottseligen vnnd Ehr liebenden vom Adel/mit allen trewen vnnd ernst befürdern vnd fortsetzen.

Ahusen Eine Graffschafft vor zeitten inn Westphalen. Anno 1305 hat gelebt Graff Otto von Ahusen/vnnd ist bůrg worden für Graff Simon von der Lippe/sampt dem Graffen von Tecklenburg/Benthem vnnd Schwalenburg/die seine nachbaurn waren/dem Bischoff zů Osnabrug. Crantz in Metr.lib.8.cap.51.

Der Bischoff von Münster hat Graff Hansen von Ahusen durch die Graffen von Tecklenburg vnd der Lippe grossen schadē thůn lassen/Ahusen vnd Dypene zůrissen/heüt zů tage hat der Bischoff dz hauß Ahusen. Hamelm.in descriptione Vuestphaliæ.

Anhalt/ Ein schloß gelegen im Hartz vber dem hause Falckenstein/sol den namen haben/ das es inn einem steinfels ist gehawē vnd kein holtz im gebewe hat/als/ one holtz/deñ so schreiben die alten Sachsen Oneholt/etc. sol gebawet sein Anno 945 von Esico dem Graffen/als er auß seinē vätterlichen schloß Ballenstet hat ein

Kloster

## Stambůch.

Kloster Canonicorum Regularium gemacht / ist also die Graffschafft gen Anhalt transferiert vnd gelegt worden / vnnd die Herrn genant Graffen zů Ballenstett vnd Anhalt.

Anno 1154 ist Heinricus Hertzog Bernhards son des Churfürsten zů Sachsen / võ Friderico I dẽ Keyser zům ersten auff Anhalt befürstet / vnd jm ein halber rohter Adler vnd ein halber Rautenkrantz / als von Brandenburg vñ Sachsen darzů gegebẽ worden / welchs die Fürsten von Anhalt noch heüt zů tage fůren / vnd jren Fürstlichen namen dauon habẽ. Brot. lib. 4. Cap. 1.

Heüt zů tage ist das Schlos gantz wůst vnd verfallen / vnnd geht die sage / Heinricus Leo sols also zůrissen haben / als der Keyser jhm dz Sachsenlandt genommen vnd dem von Anhalt geben hatte.

Vnd seind die Hochgebornen Fürsten von Anhalt zwar auß altem hohem Adelichem geschlecht vnnd herkommen / Dann in den historien werden sie gesetzt / vnder die Regentẽ / so dz Sachsenland lang für Carolo Magno regiert haben / vñ sol Berntobaldus auff Ballenstett gewont haben / das obgenante Fürsten dennoch besitzen / vnd von disem Berntobaldo (wie bald inn beschreibung der Herrschafft Ballenstett sol angezeygt werden) sol nach langer Succession geboren sein Albertus Vrsus der Behr / das er inn seinẽ wapen einen schwartzen Behrn mit einer gülden krone vnnd halsband / der auff 4 Rohten Zinnen geht iñ weissem felde / gefůret hatte / welchs wapen denn die Fürsten von Anhalt noch fůren. Von disem Alberto Vrso seind grosse leüt vnnd fürtreffliche geschlecht komen / denn sein son Otto ward Churfürst zů Brandenburg / weil er bekam mit seinem weibe Elicha / des letsten Hertzogen zů Sachsen Magni Tochter / von Herman Billings geschlecht / die alte Marck Soltwedel. Sein ander son Bernhart ward Churfürst zů Sachsen / als also Hermannj Billingj geschlecht / welchen Keyser Otto auff Lüneburg behertzoget hatte / alles verstorben war. Von disem Bernhardo seind kommen drei grosse Fürstliche geschlecht.

1 Erstlichen die Churfürsten zů Sachsen / bey welchem stamm es blieben ist / biß ins zwölffte glid / als man geschriben hat 1400 ist Hertzogen Rudolff zů Schweinitz ein Thurn nidergangẽ / darinnen sein eltester son verfallen ist.

2 Darnach die Hertzogen zůr Lawenburg / denn Wenceslaus Hertzog zů Sachsen hatte zwen söne.

A iij

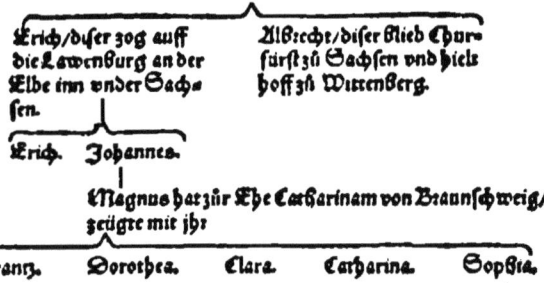

3  Das dritte geschlecht seind die jetzigen Fürsten zů Anhalt/ den Georg/ welches vralter großuatter ist gewesen Hertzog Bernhart Churfürst zů Sachsen/ hat gezeüget

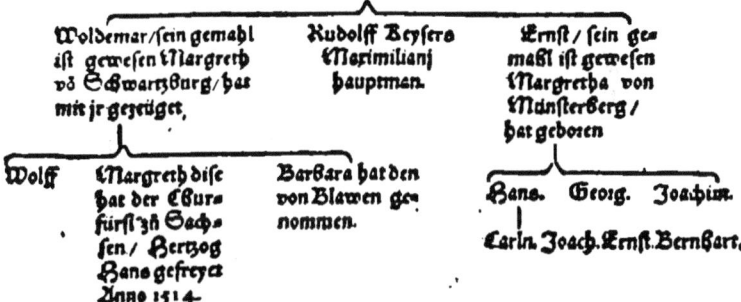

Wer weitleuffigern vnnd vollkommlichern bericht von disem Fürstlichen hause vnd geschlecht wissen wil/der lese Ernestj Brot auffs Genealogiam.

Das wappen ist ein halber Adler/ vnnd die Sechsischen balcken mit einem halben Rautenkrantz vberlegt.

Arnsberg. Ist auch vorzeiten nicht der geringsten Herrschafften eine gewesen/ligt inn Westphalen vnd ist noch die statt des namens vorhanden/ gehört dem Bischoff von Cöln/ habent sich die Graffen geschriben/ Graffen von Arnsberg vnnd Herrn von dem Westerlande.

Anno 660 hat gelebt Günther Herr zů Arnsberg des Tochter Hedwiges/ die Herr Ratboth zů Ballenstet hat zůr Ehe genommen.

Vmb das jar 1107 hat gelebt Gebhardus der Edlesten Sachsen

Sachſen einer / Graff zů Suplinberg / welchs er durch eine heü=
rath bekommen / mit frawen Hedwigen Marckgraffen Friderich
zů Brandenburg / Burggraffen zů Nürmberg Tochter / welche
die letſte Gräffin zů Suplinberg geweſen / ſoll auch Herrn Die=
therichs von Arnsberg vnnd Weſterlande gemahl geweſen ſein.
Graff Gebhart aber iſt ſeines herkommens geweſt ein Herr von
Querfurt / Herrn Burckharden ſon / vnnd hat gezeüget drei ſöne
vnd drei Töchter.

Cunradum.    Lotharium.    Fridericum.

1  Cunradus Hertzog zů Sachſen / ſein Gemahel Lucia eine
Schwebin.

2  Lotharius der ander ſon hat für Welffsholtz geſieget / vnnd
das Feld behalten wider Keyſer Heinrichen den V. nach welchem
er iſt auch Römiſcher Keyſer erwölet worden / Anno 1127 /
hat zůr Ehe gehabt Marggraff Ecbrechts Tochter kind Reich=
niſa geheiſſen / vnd hat mit jhr geerbet das Hertzogthumb Braun=
ſchweig / vnd die Graffſchafft Northeym / denn Reichniſen vatter
war Graff Dieterich von Northeym / der bekame Gertrauden
Marggraff Ecbrechts zů Braunſchweig einige Tochter / vnnd
mit jr das gantze land zůr Eheſtewr / da der nůn verſtarb vñ auch
keinen männlichen Erben ließ / fielen beide Hertzogthumb vnnd
Graffſchafft Braunſchweig vnd Northeim auff Lotharium. Alſo
ward er ein reicher Herr an land vnnd leüten / vnd kam zů groſſen
digniteten vnd Ehren / hat auch wol hauß gehalten / Die weltlichē
Recht / ſo gefallen / wider ans liecht gebracht / ꝛc. verließ keinen
männlichen Erben / nur eine einige Tochter Gertraud genannt /
die gab er zůr ehe Heinrico Guelpho gehn Beyern / vnnd der er=
bet mit jhr das land Braunſchweig vnnd die Graffſchafft North=
heym.

Wie aber das hauß Arnsberg ans Biſthumb Cöln kommen iſt
beſihe Crantz inn ſeiner Metrop.lib.6.cap.46.

Ir wappen iſt geweſen ein gantz Hirsgeweit.

3  Fridericus. Diſes Mütter ſchreibt Crantz in Saxo. lib. 5. cap.
15 ſol geweſen ſein Hertzog Otten Tochter zů Sachſen. Můß
derhalben Graff Gebhart zwey Ehegemahl gehabt haben nach
einander / oder es můß ein ander Fridericus ſein. Er hat zwo

A iiij

Töchter verlaſſen/ deren eine hat er zůr ehe geben Gottfride von Arne/zeüget mit jr.

```
    Heinrich    Friderich.
```

Crantz. lib. 5. Cap. 15. Sax. & lib. 5. Cap. 31 in Metrop.

Die ander Tochter iſt Graff Otten zů Cappenberg beygelegt worden/ dem ſie ein Tochter geborn/ welche Graff Eilmar von Oldenburg geehelicht/ vnd mit jr Graſſen Heinrichen vnd Graff Chriſtman zů Aldenburg vnnd Ottonem Propſt zů Bremen gezeüget/ ſchreibt Crantz lib. 5. Sax. Cap. 15. vnd lib. 5. Metrop. cap. 32.

1 Diſer Graff Friderich Gottfrieds von Arne ſon/ hat Biſchoffen Burckhart zů Münſter aufgejagt/ gefangen vñ Keyſer Heinrichen dem V vberſchickt. Metrop. lib. 5. cap. 33.

Iſt ein wilder frecher vnbendiger Herr geweſen/ Metr. lib. 6. cap. 9. der ſich Herr vber gantz Weſtphalen geſchriben/ hat die Weiſſelsburg gebauwet vnnd vil leüte darauß beſchediget/ iſt auch in der ſchlacht für Welffesholtz mit geweſen.

2 Graff Heinrich von Arnsberg hat bey zeitten Keyſer Friderichen vil vnluſt angericht/ mit allen nachbauren ſich zů kampff gelegt/ auch ſeinen einigen Brüder/ ein junges Herrlin/ inns gefencknus gelegt/ vnnd darinnen verderben laſſen/ iſt darumb von dem Ertzbiſchoff zů Cöln vnnd den Biſchoffen Badeborn/ Münſter/ Minden/ vnd Hertzog Heinrichen zů Sachſen/ inn Arnsberg belegert/ das hauß gewonnen vnd zerſtöret/ vnd er ins elendt gejagt worden/ doch wider zů gnaden kommen/ vnd mit dem Schloß belehnet worden/ welchs er nach ſeinem todte dem Stifft Cöln beſchieden. Metro. lib. 6. cap. 46.

Gottfried Graff zů Arnsberg iſt mit im Cölniſchen bunde geweſen wider Graffen Simon zůr Lippe Anno 1254.

Anno 1295 hat gelebt Graff Ludwig von Arnsberg/ Graff Gottfrieden Son/ ſeine ſchweſter Alheit hat Graff Simon zůr Lippe gehabt/ Graff Bernharts ſon/ welches Mütter fraw Gerdraut auch eine Gräffin von Arnsberg geweſen.

Anno 1312 Graff Wilhelm von Arnsberg hat mit Graff Simon zůr Lippe in bündnuß geſtanden.

Gottfridus Graff von Arnsberg iſt der 35 Biſchoff zů Oſſenbruck geweſen/ vnnd bey 30 jaren dem Stifft wol fürgeſtanden/
dem

# Stammbuch. 9

dem Bischoff zů Münster helffen den krieg füren vnnd gewinnen/ wider die Graffen von der Marck/ ist darnach inn seinem alter Ertzbischoff zů Bremen worden/ Anno 1349. Weil aber Graff Moritz von Oldenburg/ des Stifftes Dechant vnnd Administrator bey zeiten des vorigen Bischoffs auch in der wahl war/ entstund zwischen dem selben vnnd Bischoff Gottfrieden ein beschwerlicher krieg vber dē Ertzbisthum Bremen/ dauon die stat Bremen inn grosse beschwerung kommen/ darzů denn die gemeine daselbst mit jrer wanckelmütigkeit vnnd auffrürischen fürnemmen nicht geringe vrsach gegeben/ aber wol darüber geklopfft worden. Vnnd also hat Graff Gottfried ein mühe seliges leben inn die zehen jar geführet. Darnach Hertzog Albrechten von Braunschweig zům Successorn erwehlet/ vnd sich gehn Staden begeben/ da er schlechte vnderhaltung gehapt/ biß er Anno 1363 daselbst gestorben vnnd begraben. Metrop. lib. 9. cap. 27. 30. 39. 40. 41. 42. &c.

Die drei Töchter/ des obgenannten Graff Gebharts sein.

Jda. Rixa. Gerdraut.

Jda hat gefreyet Graff Gebhart von Burckhausen vnnd Schala.

Rixa ist eines Graffen von Cleue gemahel worden.

Gerdraut ist vertrawet Graff Florentz zů Holland/ darnach Graff Rüprechts zů Flandern gemahel worden.

Es hat auch der selbige Graff Gebhart einē brůder gehabt auch Gebhart genant/ der hat zůr ehe gehabt Vda von Ammenslebē/ vnnd mit jr gezeüget/ Cunradum welcher Anno Domini 1134/ zům Ertzbischoff zů Magdeburg ist erwehlet/ hat sich wol gehalten bey seinem vettern dem Lothario/ als ein auffrůr wider jhn erreget wurde von Cunrado dem Hertzogen auß Francken vnnd Schwaben/ denn es that den Schwaben weh/ das die Sachsen alleine wolten Herren sein/ hat auch diser Bischoff Cunradus so vil zů wegen gebracht mit Heinrico Leone/ der Lotharij Tochter zůr Ehe hatte/ das die sache zwischen Lothario dem Keyser/ vnd Cunrado vertagen wurde zů Quedelinburg. Anno 1139 Chro. Magd. in uita huius Cunradi.

Arnstein

## Arnstein

**Arnstein** Eine alte / reiche / vnd herrliche Graffschafft / ligt für dem Hartze / nicht weit von dem Keyserlichen sitze / da Otto der III ein Kloster auff macht vnd Waltbeck genant ist. Ob sie vor Carolo Magno gewesen / oder von jm / oder von Heinrico I ist ein gesetzt / kan ich nicht wissen.

Anno 937 ist Heinrich Graff zům Arnstein auff dem Thurnier zů Magdeburg mit gewesen.

Als Otto III aus seinem hoff Waltbeck ein Junckfrawē Kloster Anno Domini 992 machte / hat zů Arnstein regiert vnd gelebt Carolus. Ex literis fundatoriis.

Anno 1277 kamen die Hertzogen zů Sachsen in grosse schuld / Der Bischoff Cůnradus vom Sternberge zů Magdeburg bezalt für sie / da satzten sie jhme ein zům vnderpfande Stasfurt die statt / Aken die statt / vnnd die heüser Glendorff vnnd Sommern / die huldeten dem Bischoff. Aber da er verstarb / hielten die versetzten stett keinen glauben / fielen wider zů irem Herrn von Sachsen. Als nůn Günther von Schwalenberge Ertzbischoff bestetiget ward / wolt er die versatzte güter wider haben. Die wolt jm der Hertzog zů Sachsen Rudolphus nicht folgen lassen / vñ both dem Bischoff einen krieg an / der Bischoff macht sich auff mit gerüster handt / vnnd findet den Hertzogen zů Sachsen / sampt seinen rettern Ottone Marckgraffen zů Brandenburg / Vlrich Graffen zů Regenstein / dem Herrn von Mannfeld / vnd dē Herrn von Arnstein / bey Frose / da schlegt er sie / vnnd bekompt den Marckgraffen zů Brandenburg. In disem streit wurde der Graffe zů Arnstein mit vilem volck erschlagen / vnd mag wol der letste Graff daselbst des geschlechtes gewesen sein. Chron. Mag. in vita Episcopi Guntheri.

Anno 1387 hat Graff Vlrich von Regenstein die Herrschafft Arnstein verkaufft den wolgebornen Herrn von Mannfeld / mit allen Regalien / die sie denn noch haben / vnd hat sonderlichen der wolgeborne Herr Graff Hans Albrecht das hauß herrlich vñ zierlich angericht vnnd auff bawen lassen / wie es noch augenscheinlich ist.

Das wappen ist ein schwartzer Adler mit auffgestreckten fettigē seiner flügel / von dem es auch den namen hat / dann Arn ein Adler heist / daher das wörtlein Arnen vnd Erarnen kompt / das ist / mit grosser sterck / mühe vnd arbeit erlangen.

Weit-

## Stambüch.

Weitern vnnd volkomenlichern bericht von diser Edlen Herrschafft/ würt (ob gott will) thün der Erwürdige vñ wolgelehrte Herr M. Cyriacus Spangenberg in seiner Manßfeldischen Chronica.

**Ascania** Ist vorzeiten eine herzliche Graffschafft gewesen/ vnnd der gar ältisten eine/ die stat Aschersleuben hat darzů gehöret/ vnd ligt das alte zerfallene vnnd zerstörte Schloß auff einem berge vber der stat/ vnd schreiben etliche/ das es soll den namen haben vom Ascena dem Son Gomer/ des sons Japhet/ vnd meines erachtens haben auch die Sachsen von jm den namen/ denn sie sich nicht Sachsen/ sondern Sassen nennen / das also Sassen seind von Assenes. Es ist ein schöner lustiger orth alda/ ein fruchtbar kornboden/ gůte weide/ frische vnnd gesunde lufft/ als für dem Hartze.

Anno 747 zů des Königes Pipinj zeiten/ Caroli Magni vatter/ ist ein Herr zů Ascania/ sonder zweiffel einer auß den zwölff Edlen/ so das Sachsenlandt järlichen regiert haben/ des obgenañten Königs in Franckreich feind gewesen/ hat jn auch der Kö̈nig biß für sein hauß Ascanium nachjagen vnnd gefangen nemmen lassen/ inn Franckreich füren/ vnd das schloß zerstören/ welchs hernach von Esyco Graffen auff Ballenstet wider ist auffgebawet worden/ aber doch von Heinrico Leone wider zůrissen. Chronica Magd.

Anno 1169 hat gelebt Bernhart Alberti Vrsi son/ der Churfürst zů Sachsen ist worden/ als Hermanni Billinges geschlecht alles verstorben war. Der hat gezeüget

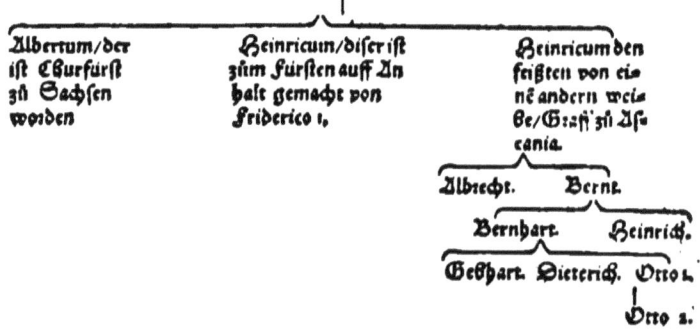

| Albertum/ der ist Churfürst zů Sachsen worden | Heinricum/ diser ist zům Fürsten auff Anhalt gemacht von Friderico 1. | Heinricum den feisten von einem andern weibe/ Graff zů Ascania |

Albrecht.   Bernt.
  Bernhart.   Heinrich.
Gebhart. Dieterich. Otto 1.
                      Otto 2.

Diser Otto 2. hat eine Gräffin von Orlamunde zůr Ehe gehabt/ vnnd mit jhr keinen männlichen Erben gezeüget/ da ist die

die Herrschafft Ascania auff Bernhardum de dritten Graffen vnd Herrn zu Berneburg gefallen / denn er mit obgenanten Graffen in gleichen lehen gesessen. Aber weil die witfraw mit der Herrschafft beleib züchtiget war / wurde sie jr die zeit jres lebens gelassen / nach jrem tode nam das Stifft Halberstat die Herrschafft ein / das sie denn noch besitzen / doch haben die hochgebornen Fürsten zu Anhalt güte hoffnung vnnd recht dieselbige in kürtze wider zubekommen / schreibt Ernst Brot. lib. 4. cap. 3. in sua Genealogia.

Jr wappen ist ein feld vmbs ander weiß vnd schwartz versetzt / wie ein Schachspiel.

**Aslo** ist auch eine Graffschafft vor zeiten gewesen.

Anno 1084 hat der Sachsen auffgeworffene König Hermannus / Graffen Heinrichen von Aslo mit des Capitels zu Badeborn bewilligung daselbst zum Bischoff gemacht. Dagegen hat Keyser Heinrich der vierde Graffen Heinrichen von Werle zum Bischoffe verordnet / Die beide haben sich mit einander vmb den Bischoffs hüt gedenet / biß das König Herman vmbkomen / da hat der von Aslo weichen müssen / vnd der von Werle platz behalten. Metrop. lib. 5. cap. 13.

Es ist aber Graff Heinrich von Aslo / nach Ertzbischoff Hartwigs tode vom Capitel zu Magdeburg zum Ertzbischoff gekoren vnd auffgenommen worden / ohne des Keysers bewust vnnd bewilligung / hat aber nur biß ins vierdt jar das ampt verwaltet / da er abgestorben. Sol ein Gottseliger frommer Herr gewesen sein / wie jn Crantz thünnet lib. 5. Metrop. cap. 7.

Vmb dz jar 1140 hat gelebt Graff Heinrich von Aslo / Graffen Hermans von Wintzenburg bruder / seind beyde neben andern Herrn Commissarien gewesen in der sache zwischen Adelberone dem Ertzbischoff zu Bremen vnd dem jungen Hertzogen von Braunschweig Heinrichen / der Graffschafft Staden halben. Metrop. lib. 6. cap. 18.

Heüt zu tage seind in Westphalen Edelleüt / die Ketler auff Aslo genant werden / wiewol sie reich genüg seind / vnnd wol so vil haben als ein Graff / kan man doch nicht wissen / ob sie dise alte Graffschafft innen haben oder nicht. Hamel. in descriptione Vuestphaliæ.

**Ballenstet** Eine schöne alte Graffschafft / darzin gehören Hoym /

## Stambuch.

Hoym/ Reinstet/ Riedern/ Radesleben vnd Badeborn.

Das hauß ligt für dem Hartze/ auff einem zimlichen hohen berge gegen Morgen/ hat den namen von den Balcken/ denn es anfenglich ein Blochhauß gewesen/ vnnd zům wappen gefüret fünff schwartzer balcken im güldenẽ felde/ vnd sollens die Bern oder die Vrsiner bewohnet haben.

Es zeygen die Historien an/ das Bernthobaldus/ einer auß dẽ Sächsischen Edlen/ sol da seinen sitz vnd wonung gehabt haben/ vnd soll Anno 524 wider die Francken geschickt sein/ als der König iñ Thüringen Ermefrid die Sachsen hat vmb hülff angesprochen/ hat auch das feld behalten/ vnd den orth des landes in Thüringen/ da die schlacht geschehen/ bekommen/ wie deñ die Fürsten zů Anhalt/ so dises Herrn zů Ballenstett nachkommen seind/ noch heütiges tags Scheidingen an der Vnstrůt zů einer rechten Manslehn vom Bischoff zů Bamberg haben/ ꝛc. Brot. lib. 1. cap. 2.

Wer lust hat diser Herren historien zů lesen/ der mercke nachfolgende Genealogiam.

Bernthobaldus Herr auff dem Hartz zů Ballenstett/ Anno 510.

Bernthobaldus II. Herr zů Ballenstett vnnd Ascania/ der Sachsen erwölter König wider Lotharium der Franckẽ König.

Berntholdus oder Beringarius I. Herr zů Ballenstett vnd Ascania/ der Sachsen König ist Anno 630 iñ der schlacht wider König Dagobrecht vmbkommen an der Weser.

| Beringarius 2. Herr zů Ballenstett vnd Ascania/ sein gemahel Berengart Königin von Thüringen | | Herman. |
|---|---|---|
| Beringer 3. starb Erbloß. | Herman sein gemahel Hyldegart Gräffin võ Ringelheim. | Bathuldes König Ludwigs oder Clodouei zů Franckreich gemahel. |

Nach disem kompt an die Herrschafft Ballenstett vnd Ascania sein vetter Aribo der Beringer/ sonst Ehrenbrecht genañt/ sein gemahel Hilla Hertzogin auß Frießland.

| Aribertus | Ratboth Herr zů Ballenstett. | | Bendella Graff Walthers zů Hassel gemahel. |
|---|---|---|---|

## Stammbuch

**Aribertus** gestorben Anno 708.

**Vitello** Herr an der Weser gestorben Anno 729.

**Poncello** Herr zu Ballenstett vnnd Ascania, starb ohne Erben.

**Aribo Berthg,** Herr zu Ballenstett vnd Ascanien, sein gemahel Basala, Fürstin auß Rügen.

**Eringer** nach der Tauffe Anno 786 Carolus genannt, der erste Graff zu Ballenstett, vnnd Ascanien, sein gemahel Hartmuth von Hennenberg.

- **Hermes Graff** zu Ballenstett vnd Ascania
  - **Esicus Graff** zu Ballenstett
    - **Tamecko Graff** zu Ballenstett vnd Ascanien
      - **Dieterich** ohn Erben.
  - **Beringer Graff** zu Ballenstett.
- **Beringer.**
- **Albrecht Graff** zu Ballenstett vnnd Ascania, ist gestorben Anno 824.
  - **Heinrich**
  - **Poppo,** Graff zu Ballenstett vnd Ascanien, ist gestorben Anno 839.
    - **Albertus Graff** zu Ascania vnnd Ballenstett, ist gestorben Anno 862.
      - **Otto Graff** zu Ballenstett rc.
        - **Esicus** ohn Erben
        - **Albertus Graff** zu Ballenstett vnnd Ascania.
          - **Sigmund**
          - **Seiffrid Graff** zu Ballenstett, rc.
            - **Albrecht Graff** zu Ascania vnd Ballenstett, sein gemahel Dietburg Gräffin von Oldenburg.
              - **Woldemar**
                - **Sigmund**
                  - **Ernst**
                    - **Ortholff**
                - **Woldemar.**
                  - **Otto**
                    - **Ernst**
                      - **Otto.**
              - **Albrecht,** sein gemahel Hedda Gräffin zur Welpe, bekam mit jr die Graffschafft Welpe.

              **Esicus,** diser hat Anno 943 auß dem schloß Ballenstett gestifft das Collegium Canonicorum, sein brüder Theodoricus ist der erste Propst da worden.
            - **Sigmund.**
        - **Otto,** ist erschlagen Anno 925.
  - **Woldemar**

Otto

## Stambůch.

Otto / der reiche Marg‑
graff zů Soldwedel/Graff
zů Ascania vnnd Ballenstet
hat auß dem Collegio ein
Kloster gemacht Anno
1124.

Ludwig ist ein
Münch zu Cor‑
bey worden.

Albertus Vrsus Churfürst vnd Marggraff/Graff zů Ascania/Bal‑
lenstet vnd herr zů Bernburg.

Dises Marggraffen Albrechts gedenckt S. Bernhard in 8 130
Epistel an den Rhat zů Pisa inn Welschland/ mit disen worten.

Commendo uobis Marchionem Adelbertum, qui domino Papæ & 
amicis eius missus est in adiutorium, iuuenis fortis & strenuus, et, si non fallor, 
fidelis, habetote eum precibus uestris magis commendatum, quia & ego uos ei 
amplius commendare curaui, monuimus ut uestris potissimum consilijs in‑
nitatur. &c.

Otto ward Chur‑
fürst zů Branden‑
burg.

Bernhardus/ von jhm kommen
fürter die Fürsten vnnd Herrn
zů Anhalt/ auch Churfürsten zů
Sachsen/ denn er Anno 1169
von Friderico 1. die Belehnung
der Chur bekommen/ wie die al‑
ten Reimen lauten.

Der erste Keyser Friderich
   Mit deß Reichs Chur begabet mich.
Da Heinrich ward gesetzet ab
   Durch Ballenstett den Krantz er gab/
Zwey Schwert das Marschalck ampt bedeüten
   Die Wendischen Heyden auß zů reütten/
Bey Wittenberg gesiegt ich jhn an
   Das land zůr Chur ich da gewan.

Wer weitern bericht von disem geschlecht wissen will/ der lese
Brot. Genealogiam.

**Barbey** Ist noch heütiges tages eine Graffschafft/ ligt an
der Elbe/ ist jhe vnnd allwege da eine vberfurt vber die Elbe ge‑
wesen/ wie das wort mit bringet/ Dann Baraba heist ein vber‑
furth.

Wie alt sie ist/ kan ich nicht wissen. Anno 1149 hat gelebt
Graff Burckhart von Barbey/ sein gemahel Mechtildes.

B ij

Anno 1213 als Otto IIII der Keyser vom Bapst war inn den Bann gethan/ fielen die Fürsten vnd Bischoff von jhm ab/ vnd sonderlich der Ertzbischoff zů Magdeburg/ Albertus von Kefferberg auß Thüringen bürtig/ da raubet der Keyser auff jhn sehr gewaltiglichen/ vnnd damit er solte außgerottet werden/ bauwet er ein Raubschloß an die Buden das wasser/ vnd nannte es die Vnseburg/ dauon/ des namens/ da selbst/ noch ein Dorff fürhanden/ vnd satzte darauff seinen getrewen diener Walther von Barbey. Aber der Bischoff mit hilff Graff Heinrichs von Anhalt kam dafür/ stürmet vnd gewann es/ vnd zerriß es inn den grund. Chro. Magde.

Anno 1230 hat gelebt Günther Graff zů Barbey/ sein gemahel Catharina/ welche gestorben den 20 Januarij.

| Burckhart Graff zů Barbey ist gestorben Anno 1275 sein gemahel Metta starb am tage Chrysogonj | Walther/ diser hatt Anno 1242 Mönche Neumburg helffen verbrennen/ ist gestorben Anno 1278. |
|---|---|

Burckhart/ dessen würt gedacht inn einer donation des Klosters Widerstett Anno 1284. Sein gemahel Sophia.

Anno 1300 ist gestorben Graff Busso von Barbey/ Juncker zů Rosenburg.

Anno 1300 lebet Graff Albrecht von Barbey sein gemahel Lutgardes Gräffin von Hohnstein/ er starb Anno 1332. 18. Julij.

| Heinrich/ erwöhlter Bischoff zů Brandenburg/ starb Anno 1352. 15. Octob. | Albrecht hat Mülingen wider gebawet Anno 1318, sein gemahel Judith von Schwartzburg die starb Anno 1352. 11. Septemb. Er aber 1358. 18. Julij. |
|---|---|

| Elisabeth/ Anno 1405. | Günther/ sein erst gemahel Constantia starb 1372. 25 April. Die ander Dorothea von Gleichen/ eine Christliche Matrö starb 1385. 3. Decemb. Er aber 1404. 18. Aug. | Albrecht starb Anno 1330. 19. Nouemb. |
|---|---|---|

Johan-

## Stambuch.

| Johannes starb Anno 1405. 22. Nouemb. sein gemahel Margreth von Querfurt starb 1391. 30 May. | Walther starb. 1374. 22 Augu. | Burckhart/sein gemahel Sophia Fürst Sigmunds zů Anhalt tochter/die starb Anno 1419. vnnd er lebet nur ein jar hernach/starb im Kloster zů Berge 1420. Montag Palmarum/ ließ nur einen Son 3 jar alt/welcher Eggln die Herrschafft an sich gebracht hat. | Günther Anno 1393 |

Günther/Graff zů Barbey vnnd Mülingen/starb 1493 inn vigilia Andree/sein gemahel Catharina/Graffen Bernhart zů Regensteins tochter/starb im jar 1455. 20 Januarij.

B

B iij

# Stambůch.

Inn welchem jar gemelter Günther zů Barbey den grossen vnwillen vertragen / zwischen den Stetten Magdeburg vnnd Lüneburg. Er sol das hauß vnnd statt Regeln dem Ertzstifft verfagt haben für 4000 Behemisscher schock / welches sie biß hero gar behalten. Er hat 9 söhne / vnnd 3 Töchter hinder sich verlassen.

| Burckhart / sein gemahel war Magdalena der Hertzog Heinrichs zu Meckelburg Tochter / mit dem beylager hielt / Anno 1481. Sontag nach der heyligen drei Königtag. 8 jar war er mit König Christierno von Dennemarck zu Rohm walfaren / wie die Bolsteinische Chronica vermeldet. Er starb Anno 1506. vnd Aller heiligen tag. Sein gemahel aber starb lange hernach zu Magdeburg / inn Oster feyrtagen / des jars 1533. Haben mit einander gezeüget 3 Söhne vnnd drei Töchter. | Johannes starb zů Wien Anno 1481 am tage Pantaleonis. | Friderich starb In no 1470 | Albrecht starb In no 1481. 27 Novembr | Bernhart starb In no 1473 | Boyer war Thumbdechant zů Strasburg ist zů letst blind worden / vnd gestorben Innno 1526. wol 70 jar alt gewesen. | Georg starb In no 1436. | Wilhelm starb im no 1493 am Sonntag Jubilate. | Margret starb im Kloster Wildern Rerpin 17 jar alt. | Vrsula ward Graff Hansen zů Lindow / Reppin vn Meckern gemahel | Sophia starb im Kloster Roßlen gen im 14 jar jres alters. |
|---|---|---|---|---|---|---|---|---|---|---|
| Just / welcher dem vatter inn der Regierung gefolgt / starb zů Magdeburg am Dinstag nach Conceptionis Mariae 1535 am abend Simonis altero im jar. | Balthasar / das nach Graff Justs absterbe innbie regierung vnd starb Anno 1535 | Herman starb balde er drey jar alt war. | Joachim starb inn der jugende. | Caspar starb jung hinweg. | Melchior ist Anno 1511 Rector zů Wittemberg gewesen / ward Thumbherr zů Straßburg / vnd starb Anno 1519 da er 18 jar alt war. | Christoff starb zů Magdeburg 1523 Montag nach quasimodo geniti. | Andreas lebt nicht drei stüde nach der geburt. | Wolffgangus / Graff zů Barbey vnd Mülingen sol fünff fürsten sachsen nach einander sein gewesen / sein gemahel ist des Graff Gebhartz zů Mansfeld Tochter / ist 26 den 23 Jan. | Heinrich im 19 jar seines alters an Margraff Joffe zů Berlin schendlich vnd frommen. | Margred Anna Margred Diese drei seind geistlich worde vnd sich lange zeit zů Bleiche rode gehalten. |

das Beylager zů Schersburg Anno 1516 den 23 Jan. gehalten / vnd haben viel kinder miteinander gezeüget als

## Stambůch.

2. Margretha/geboren Anno 1527/ist bald gestorben/ligt zů Seheburg begraben.

2. Margretha geboren Anno 1528/ ist Anno 1555 Graffen Volckmar Wolffen zů Hohnstein bey gelegt worden zů Weissenfels den 10. Feb. vnnd den 17 Febru. heimfart gehalten zů Lare/ starb im Kindtbeth Anno 1567.

3. Gebhart/geboren Anno 1529 starb seines alters im 6 jar.

4. Magdalena geboren 1530 an S. Moritzen tage/war im 3 jar jres alters in Westphalen ins Kloster Vieden geschickt/zů Catharina geborne Gräffin von Gleichen/Aptißin daselbst/die sie bey zwentzig jaren auff gezogen. Darnach ist sie Anno 1556 dem Christlichen fromen Herrn H. Hans Vngnaden/Freyherrn zů Sonneck vermehlet/vnd beygelegt worden/den 1 Julij. zů Barbey.

5. Wolffgang/geboren 1531 ist bey Pfaltzgraff Otto Heinrich/vnd zů vor bey Pfaltzgraff Friderich am hoffe gewesen/vnd sich in kriegs leüfften wol brauchen lassen/Anno 1552 für Metz. Anno 1553. in der schlacht da der Churfürst Mauricius beliben, Anno 1557 beim Köni ge in Franckreich wider Engelland.

6. Just/geboren 1533. starb seines alters im 2 jar zů Seheburg.

7. Albrecht/geborn 1534. ist Anno 1552 mit im Türcken zůge gewesen/Item inn etlichen Franckreichische zůgen/sein gemahel ist gewesen/ Maria fürst Hansen zů Anhalt tochter.

8. Burckhart/geboren 1536 hat sich inn viel Heerzügen brauchen lassen.

9. Christophorus/geboren 1537.

10. Georg/geboren 1540.

11. Agnes/geboren 1540 ein gemahel fürst Joachim des ersten zů Anhalt.

12. Günther/geboren Anno 1541.

13. Carl geboren Anno 1543.

14. Just/ist geboren Anno 1544.

15. Hans Georg.

16. Christina.

Im boten Register des Klosters Widerstet/ wirt etlicher personen gedacht one jarzal/so auß disem stammen bürtig/als Margreth/ vnd Mechtild beyde Priorissin Künigundis. zc.

**Bernburg** ligt an der Sala schloß vň stat/doch dz die Sala schloß vnd stat von einander scheidet/ Mag vieleicht den namen haben von den Behrn/oder Beringern/die das hauß auff gebawet haben/vnd da gewohnet. Die Fürsten zů Anhalt haben dise Herrschafft bald gekriegt.

B iij

20   Stambůch.

Anno 1115 ist Schloß vnnd stat schändtlich von den Wenden verbrant vnd zerstört. Aber Albertus Vrsus der Behr/hats sein lassen wider auffbauwen. Chro.Magd.

Anno 1139 hat alda hauß gehalten Graff Bernhart/ der es mit dem Römischen Könige Cunrado auß Schwaben wider den Keyser Lotharium gehalten/vnd als Cunradus Ertzbischoff zů Magdeburg/ Marggraff Cůrt zů Meyssen/ vnnd Heinricus Leo für das Schloß konien/hat die Gräffin Elicha sie mit vngestümmen worten angesprochen/ haben sie Bernburg die stat schentlich zerrissen/auch Plotzke verbrannt/vnnd sein land verwüstet. Chro.Magd.

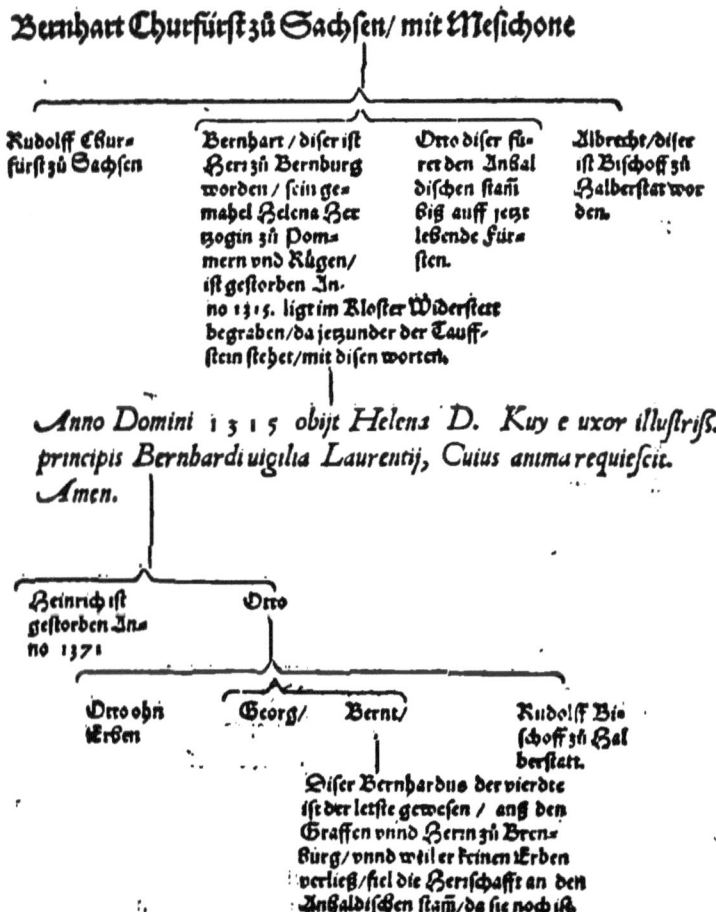

Bernhart Churfürst zů Sachsen/ mit Mesichone

| Rudolff Churfürst zů Sachsen | Bernhart / diser ist Herr zů Bernburg worden / sein gemahel Helena Hertzogin zů Pommern vnd Rügen/ ist gestorben Anno 1315. ligt im Kloster Widerstett begraben/da jetzunder der Tauffstein stehet/mit disen worten. | Otto diser fůret den Anhaldischen stam biß auff jetzt lebende Fürsten. | Albrecht/diser ist Bischoff zů Halberstat worden. |

Anno Domini 1315 obijt Helena D. Kuy e uxor illustriss. principis Bernhardi uigilia Laurentij, Cuius anima requiescit. Amen.

Heinrich ist gestorben Anno 1371    Otto

| Otto ohn Erben | Georg/ | Bernt/ | Rudolff Bischoff zů Halberstatt. |

Diser Bernhardus der vierdte ist der letste gewesen / anß den Graffen vnnd Herrn zů Brenburg/ vnnd weil er keinen Erben verließ/fiel die Herrschafft an den Anhaldischen stam/da sie noch ist.  Er ist

# Stambůch.

Er ist gestorben Anno 1468 / ligt auch begraben im Kloster Widerstett mit disen worten.

*In nonis Februi, quartus fuit iste, recessit*
*Dum Comes ingenuus Bernhardus qui requiescit. Amen.*

Er hat ein einige Tochter gelassen / Mechtild genannt / die auch im Kloster Widerstett begraben ligt / mit disen worten.

*Bernt Comitis nata iacet hic Mechtildes humata,*
*Quæ tibi sit grata, genuit quem Virgo beata.*

Kurtz für seinem tode / hat er die brucken machen lassen / vber die Wipra / bey der alten Dorffstat Cornitz / das hart bey Bernburg ligt / da denn die Wipra inn die Sala fleüst. Vnnd damit sein Christlichs vnnd mildes wolmeinen / nicht balde inn ein vergessen gestellt würde / hat er neben die brucken einen stein setzen lassen / daran dise wort.

*Omnibus inspecturis salutem. Et in noticiam deueniat singulorum omnium hanc litteram intuentium, quod cum nostra bona uoluntate & libera, pons in Cornequitz ædificatus, & eundem pontem ab omni exactione & telonio dimittimus penitus absolutum. Vt autem plenius hoc appareat, nostri sigilli munimine roboramus. Datum in Berneburg.*

## Benthem Eine Graffschafft inn Westphalen.

Anno 1042 ist Graff Otto zů Benthem auff dem Turnier zů Hall inn Sachsen gewesen.

Anno 1212 ist Graff Otto von Benthem Bischoff zů Münster gewesen inn der ordenung der 26 / ist der erste / so vom Capitel erwehlet ist worden / ist auch mit seinem brůder sampt andern Herren vnnd Fürsten / inns Gelobde land die statt Acon zů retten gezogen. Metrop. lib. 7. cap. 33.

Anno 1385 / ist Graff Bernhart von Benthem mit im Westphalischen bunde gewesen.

Es ist

Es ist dise Herrschafft noch heüt zů tage vorhanden/ haben die Graffschafft Tecklenburg/ durch eine heyraht auch einbekommen. Denn Cunradus der letste Graff zů Tecklenburg ließ eine Tochter die freyet der Herr zů Benthem/ vnnd kriegt mit jhr die gantze herrschafft. Die statt Benthem/ Northoren/ Niehausen seind jr/ haben jhr einkommen vom Vihe vnnd fruchtbarkeit des landes vnd andern Göttlichen nutzungen. Hamel. in descrip. Vuestphaliæ.

Anna geborne Gräffin võ Benthem ist Graff Ernste zů Hohnstein gemahel/ des jetzigen Graff Volckmarn mütter gewesen.

## Blanckenburg

Eine herrschafft vnd stät am Hartze nit weyt von Quedlenburg/ gelegen. Es seind etliche der meinung das dise Graffen anfencklich von den alten Deütschen kriegsleütten herkommen/ die den Römern etwan gedienet/ vnnd von wegen der Hirschweihe/ so sie inn jhrem Fähnlin gefüret/ Legio Cornuta genennet wurden. Welche coniectur dann nicht wenig der Herrn zů Blanckenburg wappen bestettiget/ vnnd auch der name Botho/ so inn jhrem stammenbaum gefunden/ deñ auch Marcellinus lib. 16. des Fein Bothen oder Bayne Baudis gedencket/ der ein Oberster Tribunus oder Feldthauptman Legionis Cornutæ gewesen.

Anno 1147 hat gelebt Syffridus Graff zů Blanckenburg/ den hat Heinricus Leo/ als er ist inn das Gelobte land gereiset zům geferten mit sich genommen. Crantz. in Saxo. lib. 6. cap. 29.

Anno 1180 ist Graff Anno von Blanckenburg der 26 Bischoff zů Minden gewesen/ ist gestorben Anno 1185. Metrop. lib. 7. cap. 12.

Anno 1182 hat sich Keyser Friderich Barbarossa für Blanckeburg gelegt mit einem grossen heer/ vnd sie eingenommen/ weil es der Graff mit dem Hertzog Heinrico Leonj hielt wider den Keyser. Chro. Sax.

Anno 1241 Heinrich Graff zů Blanckenburg/ dessen söne gewesen Heinrich vñ Syffried/ so Anno 1267 zů zeügen in etlichẽ dotationen angezogen werden/ vnd ist villeicht folgender Burckhart jr brůder gewesen.

Anno 1261 würt gedacht Herrn Albrechts Graffen zů Blanckẽburg/ dessen schwester Mechtild einen herrn zům Arnstein gehabt.

Anno 1270 ist Hermannus ein Graff zů Blanckenburg der 27 Bischoff

## Stammbůch.                                                  23

Bischoff zů Halberstat gewesen. Metrop.lib.8.cap.34.& Brusch.in epi℣.

Anno 1296 hat gelebt Burckhardus ein Graff zů Blanckenburg / ist Ertzbischoff zů Magdeburg worden. Metro.lib.8.Cap.41.

Anno 1305 findet man wider einen Heinrichen / vnd Anno 1329 Cunraden vnd Seiffriden Graffen zů Blanckenburg.

Jetzund haben dise Herrschafft jnen die Herrn von Regenstein / die sich auch dauon schreiben Herrn zů Blanckenburg.

**Brene.** Dise Herrschafft ligt zwischen der Sala vnd Elbe / etwa zwo meilen von Halla der statt / gehöret inn dz Churfürstenthum zů Sachsen. Widekind nachkomen seind herrn diser Herrschafft gewesen / vnd sol Gero Graff Dieterichs son von Wettin / zům ersten auff die Graffschafft Brene abgeteilet sein worden.

Gero Graff zů Brene / sein gemahel ist gewesen Bertha Gräffin zů Gretz / hat mit jr gezeüget fünff kinder.

| Dieterich / Wilhelm / | Günther Bischoff zů Jertz. | Oda Bertha |
|---|---|---|
| One erben / da fiele dise Graffschafft auff Cunradum Geronis Brůders son / welcher Anno 1136 den Petersberg stifftet / sein gemahel ist gewesen Leutgart auß Schwaben / hat mit jhr gezeüget viel kinder / vnder denen | | beyde Aptissinen zů Gerbstett. |

Friderich Graff zů Brene / sein gemahel Hedwich / mit jhr gezeüget

| Otto / diser Otto als kein männlicher erbe von jm auch nicht vorhanden war / vnd seine vettern reiche Marggraffen zů Meyssen vnd Landgraffen zů Thüringen worden / hat er mit seiner Můter Hedwigen / auß seinem schloß ein Kloster gestifftet zů Brene Anno 1200. vnnd ist diser Otto gestorben Anno 1213 vnnd ins Kloster begraben worden. Chro. Mis. | Friderich / diser starb vber mehr. Otto Dieterich ohn Erben. |
|---|---|

Das wappen ist drey rothe halbe zirckel / inwendig gewinckelt / anzůsehen wie ein orthband / welches die Hertzogen zů Sachsen inn jren wappen noch füren.

**Braunschweig.** Jst vor zeiten auch ein Herrschafft gewesen / wie sie den nun ein Hertzogthum ist / den weil Ludolff ō grosse Hertzog zů Sachsen viel kinder hatte / bawete sein son Bruno dz hauß Braunschweig / vnd sein brůder Tauquart die burg so Tanquarts Rode genannt / vnnd wurden also Herrn zů Braunschweig vnnd
                                                                    Tanquarts

# 24 Stambůch.

Tanquarts Rode. Aber als der obgenannte Bruno schändlichen von den Dänen mit vielen Herrn vnnd leüten wurde vmbbracht/ kam die Herrschafft auff seinen Brüder Ottonem / von dañen auff Heinricum Aucupem / den Keyser / der hatte nůn vnder andern kindern

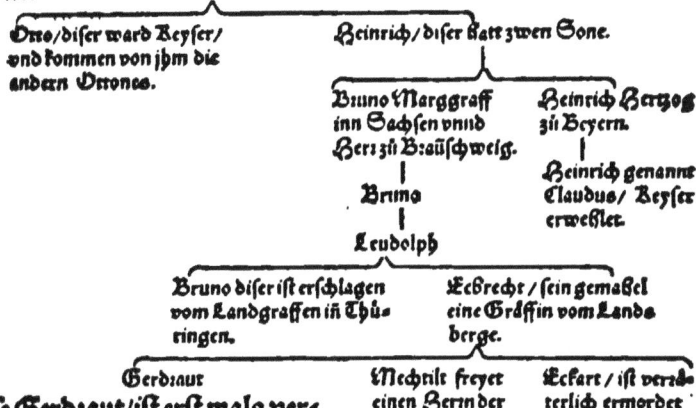

Dise Gerdraut/ist erst mals verheyrath worden Graff Heinrichen zů Northeim / Darnach Graff Dieterichen von Catelenburg/ hat nur eine Tochter gezeüget genannt Rixa/die freyet Lotharius der Keyser/vnnd erbet mit jr das land Northeim vnd Braunschweig/ hat auch nur eine tochter verlassen Gerdraut/die gab er zůr ehe Heinrico Gwelpho Bauarico/vñ zůr ehestewr dz gantze land zů Braunschweig/da ward er ein Herr zů Braunschweig/ hat gezeüget

Heinrich/den Lewen.

Dises nachkommen seind hernach Hertzogen zů Braunschweig worden/ vnder Keyser Friderico Anno 1235 Crantz. in Saxo.lib. 8. Cap. 5.

**Brockhausen** Anno 1356 hat Graff Gerhard von der Hoya/des Bischoffs zů Bremen Gotfridj Coadiutor/ dem Graffen von Brockhausen sein schloß Tedinghausen eingenommen. Metrop. lib. 9. cap. 41.

Anno 1257 ward gesatzt der 28 Bischoff zů Bremen/Hildebolt ein Graff zů Brockhausen. Chro. Sax.& Metrop.lib.8.Cap.10.

Anno 1388 blieb ein Graff von Brockhausen inn der schlacht vor Winsen.

Brunck-

## Stambůch.

**Brunckhorst/** Dise Graffschafft ligt inn Westphalen/ schloß vnnd statt/ sampt den Herrn/ seind noch heütiges tags fürhanden.

Anno 1275 ist Graff Giselbertus der 29 Ertzbischoff zů Bremen worden. Metrop.lib.8.cap.35.

Item Florentzius Graff zů Brunckhorst / ist der 31 Bischoff zů Bremen worden.lib.8. Cap.49.

**Dannenberg/** dise Herrschafft ligt im Hertzogthum Lünenburg.

Anno 1181 als Heinricus Leo ist inns ellend vertriben / vnd in Engelland geflohen/ vnd seine länder auffgeteylet worden/ den Fürsten/ von Friderico dem Keyser/ hat der Graff von Dannenberg/ Hertzog Bernhart von Anhalt/ dem dz Hertzogthum Sachsen gegeben ward/ auch gehuldet. Crantz.in Saxo.lib.6.cap.44.

Anno 1375 als Carolus IIII der Römische Keyser zů Lübeck lag/ vnd herrlich tractiert ward/ wurde jm fürbracht/ wie die Graffen zů Dañenberg/ die Strassenreüber auffnemen/ vnnd sie hauseten/ auch kup vnnd theil mit jhnen hetten/ da hat er als bald Hertzog Albrecht zů Lünenburg/ vnnd Rudolff Churfürsten zů Sachsen befolhen/ sich für Dannenberg zů legen/ das schloß einzůnemmen/ vnd der Herrschafft Lüneburg ewiglichen ein zůleibē/ welchs sie denn mit hilff der stat Lübeck/ die mit 600 wolgerüster mannen darzů kamen/ gethan. Crantz.in Sax.lib.10.cap.3.

Das wappen seind Wecken.

**Dasenberg/** Anno 1164 hat gelebt Witichindus herr zů Dasenberg/ hat mit andern herrn vnd Fürsten sich verbunden wider Heinricum dē Lewen.Crantz.in Saxo.lib.6.Cap.20. Wiewol jm der Hertzog gleichmessige wege fürschlůg/ vnd jhnē leichtlich hette zů gnaden auffgenommen/ doch wolt er jm nicht rathen/ vil weniger helffen lassen/ saß jmmer inn gůter rüstung/ denn er lust zů kriegen hatte/ vnd verließ sich auff seine festung.

Derhalben wurde Heinrich der Lewe verursacht/ sich für sein hauß Dasenberge zů legen/ vnnd dieweil der Graff sich mit proviand vnd kriegsrüstung wol versehen/ auch der Hertzog nicht zeit hatte/ lange dafür zůligen/ vñ sie auß zů hüngern/ hat er auß Goslar die Bergleüte gefordert/ vnnd einen stollen inn den berg treiben

C

lassen/biß zů dem brunnen so im schloß war/vnd jnen also das waſſer nemen/ das geſchah/ da wurden ſie verurſacht dem Hertzogen das hauß auffzůgeben. Crantz in Saxo.lib.6.cap.16.& Helmol.cap.11.

Vom alten zerfallenen ſchloß ſoll noch heütiges tags geſehen werden das zerfallene maurwerck/ vnnd ligt im Hartz auff einem hohen berge/nicht weit vber Northauſen.

**Daſſel** Am Sollinge zwiſchen Eimbeck/ vnnd Horter bey der Erichsburg gelegen/ iſt vor zeitten ein Rhugraffſchafft geweſen/Eimbeck die ſtat hat darzů gehört/ aber weil ſie groſſe bedrengnuß hatte von den Graffen/ hat ſie ſich zům Hertzogen zů Braunſchweig begeben/ vnnd bracht ſie alſo Albrecht der groſſe/ Hertzog zů Braunſchweig zům lande. Crantz in Saxo lib.8.cap.14.

Anno 700 hat gelebt Graff Walther von Daſſel/hat zůr ehe genommen Bendellam Graff Radbots tochter zů Ballenſtett. Brot.in Genealog.

Anno 1147 hat gelebt Graff Heinrich von Daſſel/iſt neben andern herrn vom Keyſer Cunrado erwehlet/ das er ſolte helffen vertragen den groſſen vnwillen Graff Heinrichs von Badewide vnnd des Biſchoffs zů Bremen Alberonis/den ſie von wegen der herrſchafft Staden hatten. in Saxo.lib.6.cap.11.

Anno 1164 hat Graff Otto von Daſſel/ mit andern herrn eine Conſpiration gemacht wider Heinricum Leonem. Saxo. lib. 6. cap.20.

Anno 1178 hat gelebt Reinholdus/ ein Graff zů Daſſel /iſt Ertzbiſchoff zů Cöln worden/ hat auß Meyland die leichnam der heyligen drei Könige gehn Cöln bracht. Metrop.lib.6.cap.34.

Anno 1181 hat Graff Otto von Daſſel/ Adolffo Graffen zů Holſtein ſeine tochter zůr ehe geben / welches der Ertzbiſchoff zů Cöln bewilligte/Philippus/deñ er Ottonis võ Daſſel bruder war. Saxo.lib.6.cap.44.

Es hat auch obgenannter Graff Otto einen ſon gehabt Adolff/ den hat Graff Adolff von Holſtein zů einẽ verweſer ſeines landes geſetzt/ deñ er ſeine Schweſter zůr ehe hatte/als er Keyſer Friderichen ins gelobte land folgte. Aber Heinricus Leo/ da er auß Engelland wider kam/ hat jhm das land eingenommen/ das er můſte ſampt ſeiner Schweſter Adolffi gemahel gen Lübeck fliehẽ. Crantz in Saxo.

## Stambůch.

in Saxo.lib.7.Cap.2. Hat sich hernacher/als sein schwager Graff Adolff wider zů hauß kommen/recht schaffen gegen Leonem brauchen lassen/hat jm sein schloß Lawenburg belagert/lib.7:cap.18.in Saxo. Aber er ist dauon abgetrieben. cap.91. Endlichen ist er mit Heinrico vertragen/ hat seinen son zů einem gysel neben andern herrn zehen jar lang setzen můssen. cap.11.

Anno 1259 hat Ludolph Graff zů Dassel gelebet.

Anno 1310 hat der 33 Bischoff zů Hildesheim/Heinrich/dise Graffschafft bracht zům Stiffte/sintemal sie loß gestorben vnnd keine erben fürhanden waren/ Keyser Heinrich von Lützelburg beliehe jhn damit. Metrop.lib.9.cap.3.

An Dassel vnnd Hundsruck hat Heinrich von Gittelde etwas zů gewarten gehabt/ dafür seind jm Anno 1391 zwelff tausent marck lötiges silbers vom Bischoff zů Hildesheim gezalet / hernach ist diser Heinrich inn solche armůt gerathen/ das er hungers gestorben. Sein vatter starb zů Eimbeck/ an einem tantze.

Das wappen ist ein gantz Hirsch geweide.

**Delmenhorst** Eine Graffschafft inn vndern Sachsen/ welche die Graffen zů Oldenburg jetzunder besitzen.

Anno 1307 hat gelebt Graff Johannes von Delmenhorst. Der 32 Ertzbischoff zů Bremen/war dem Johanni von Delmenhorst groß gelt schuldig/bezalet jn mit dem zehend habern vnd andern schatzungen. Metrop. lib.8. cap.57.

Anno 1329 ist der 34 Ertzbischoff zů Bremen/Graff Otto von Delmenhorst worden/ist gar ein alter herr gewesen/man hat jhn entweder fůren oder leithen můssen/daher haben die schnaphanen vrsach genommen/weidlich im Stifft zů rumorn / vn plackerey zůtreiben/den jr Bischoff kondte nicht auß vn des lands noht erkundigen. Nůn trug sichs zů / dz ein Botte von Oldenburg/fůr den Bischoff kam mit brieffen/vn wie er jn fragte vnd andern in beysein des hauptmans/obs auch sicher auff der strassen zůreisen were/hat er geantwortet. Es were nie solch rauben vnnd plündern im Stifft erfaren worden/als jetzunder zů diser zeit. Da solchs der Bischoff zů gemůthe gefůret/vnd den Hauptman darumb besprochen/ hat ers jm gantz aufgeredt/ vnd damit sein fürgeben für dem Bischoff ein ansehen hette/hat er den Botten mit gefengnuß vnd schlegen gezwungen/wider für den Bischoff zůtretten/ vnnd sein voriges reden zů widerůffen. Metrop.lib.9.cap.30.

C ij

Anno 1350 hat gelebt Graff Christian von Delmenhorst/ welcher zwischen der stat Bremen/vñ den Soldnern/ so von dem Graffen von der Hoye/ dem feinde der statt/ abgefallen vnnd zůr stat Bremen getretten warē/ zům Schids richter ist erwelet worden. Metrop.lib.9.cap. 42.

Anno 1410 hat Graff Otto von Delmenhorst/ mit der statt Bremen helffen bekriegen den Graffen zů Oldenburg. Metrop. lib. 11. cap. 6.

Anno 1411 ist Graff Nicolaus von Delmenhorst/ Ottonis einiger son zum Bischoff zů Bremen angenommen/in hoffnung dz die Herrschafft solte ans Stifft kommen.lib.11.cap.16.

Anno 1460 haben Mauritius vñ Gerhardus Graffen zů Delmenhorst/beyde brůder grosse kriege vnder einander gefůret/ aber endtlich sich vertragē vnd iñ die Herrschafft geteilet/also dz Graff Moritz Delmenhorst/ Gerhardus aber Oldenburg solte behalten. Metrop.lib.9.cap.52.

Anno 1471 ist ein grosser zanck vñ offentliche fehde entsprungen/zwischen dem Bischoff zů Bremen/vnd Graffen Gerharden/ der nach absterben seines brůders Mauritij der kinder vormünder war/ auß den vrsachen/dz der Bischoff die lenge nicht leiden wolt/ die reüberey/so Graff Gerhard auff seine feinde Lübeck vnd Hamburg übete/ verband sich derhalben mit den zweyen stetten wider Graff Gerhard/inn hoffnung das recht/ an der Graffschafft Delmenhorst/ so seine vorfaren hatten verlaßt/ zůbekommen. Metrop. lib.11.cap.6 Wiewol nůn diser krieg lange weret/ ist er doch vertragen.lib.12.cap.13. Aber Delmenhorst vom Bischoff eingenommen. Metrop.lib.11.cap.12.

Dessau/ Diß schloß ist von herrn Alberto vnd Woldemar gebrüdern/ Fürsten võ Anhalt/ wie eine schrifft vber dem thor auß weiset/ Anno 1341 anfänklichen gebawet worden/vnnd hat dise Graffschafft zůuor geheissen Waldersehe/ von dem alten schloß sollen noch ruinæ fürhanden sein. Brot. in Genealog.

Esycus/ Graff zů Ballēstett/ hat dise Herrschafft Waldersehe zům newen Stifft Ballenstet den München gegeben/ist aber von den nachkommen/ nicht lange gehalten worden.

Die Fürsten zů Anhald/ besitzen dise Herrschafft noch heüt zů tage.

Dieff=

## Stambůch.

**Dieffholt/** Eine Grafschafft inn Westphalen zwischen der Hasa vnd Weser gelegen. Hamel. in descriptione Vuestphaliæ sagt sie sollen namen haben/das man das holtz daselbst inn tieffen sümpffigen orthen müß langen.

Es gehören zů diser Graff/oder herrschafft/die stat Dieffholt/ Luenfort/ das Dorff zům Hulpe/ da Carolus Magnus die Sachsen zům letzten mal geschlagen hat/vnd da auffgericht eine Capellen zů S. Gehülffen/ Item Drebber/ Bernsdorff/ Goldenstat.

Es ist auch ein grosser sehe/der Thummer genañt/in diser herrschafft / hat in circumferentia bey dreyen grossen meylen / dauon sie grosse nutzung hat.

Anno 1042 ist Graff Otto von Dieffholt mit auff dem Turnier zů Hall inn Sachsen gewesen.

Anno 1256 ist Cunradus Graff zů Dieffholt der neün vnd zwentzigst Bischoff zů Minden worden. Metrop. lib. 7. cap. 41.

Anno 1371 seind zwene Graffen von Dieffholt todt bliben inn der schlacht zwischen Hertzog Magnus von Braunschweig vnnd Hertzog Albrecht von Mechelburg. Chro. Saxo.

Anno 1385 ist Graff Hanß von Dieffholt mit im Westphelischen bunde gewesen.

Anno 1400 seind die Graffen von Dieffholt mit dē von Bremen in Friesland gefallen. Metrop. lib. 11. cap. 1.

Anno 1411 ist ein Graff von Dieffholt mit Nicolao dem Bischoff von Bremen inn Friesland gefallen/aber geschlagen wordē. Metrop. lib. 11. cap. 31.

Anno 1433 ist Graff Rudolph von Dieffholt / Bischoff zů Vtrecht worden/vnd ob es wol jhn vil gekostet hat/das er inn gerůgliche possession komen/ hat er doch vier vnd zwentzig jar wol regiret/ Dorstat/vnd andere güter meh: aus Stifft bracht.

Anno 1440 ist Cunradus Graff zů Dieffholt Bischoff wordē zů Osenbrug/vnd hat wol hauß gehalten. Metrop. lib. 11. cap. 41.

Sunst findet man biß auff dise zeit/dise ordnung der Graffen zů Dieffholt. Otto/des gemahel Hedwig von Bruncthorst/Rudolph/sein gemahel Elisabeth Graff Bernharts zůr Lippen tochter. Diser Graff ist mit dem Bischoff von Cöln gewesen/als die võ

C iij

Münster vnd der Hertzog zů Sachsen geschlagen wurden/ Anno 1454.

Friderich sein gemahel Heua Graffen Vlrichs zů Reinstein tochter.

Rudolff sein gemahel Margred/ Graff Josten zůr Hoya tochter.

Friderich Graff zů Dieffholt.

**Dietmarschen**/ Eine Herrschafft ligt in vndern Sachsen/ in dem theil so Nortalbingia genannt würt/ streckt sich vmb die Elben herumb/ biß an die Eydar/ hat vor zeiten in die herrschafft Staden gehört. Keyser Carolus gab sie der Kirchen zů Bremen/ kunden sie aber nicht verredigen für den Nortmännern/ vnnd Dänen/ darumb wurden die Hertzogen zů Sachsen damit belehnet/ welche sie jnnen hatten biß auff Heinricum Aucupem/ als dann haben sie einen eygenen herrn bekommen/ im jar 921/ genannt Graff Heinrich der Feißte/ vnnd hat hauß gehalten zů Rosenfelde/ drey meilen von Staden/ sein son war
Heinrich der zeüget

Seiffrid.       Dieterich.

Wurden beyde gefangen von den Dänen/ aber Seiffrid kam heimlich dauon/ Dieterichen wurde die Nase abgeschnitten vnnd schendlich zůgericht/ wurde doch von Seiffrid wid loß gemacht/ ließ keinen erben. Seiffrid aber zeügete.

Seiffrid den 2. sein gemahel Adela.

Budanus/ auch Vdo genannt/ nam zůr Ehe die schwester Cůnonis Graffen zů Reinfelde.

Vdo 2.

Ludolph sein gemahel Ida.

Heinricj III des Keysers Brůder tochter/ hat einen son Ecbertus/ der wurde erschlagen von Marggraff Vdone zů Soltwedel/ das geschah Anno 1067 zůr zeit Heinricj IIII/ ließ keinen erben. Da erlanget Vdo Marggraff zů Soltwedel/ die Graffschafft Staden vnd Dietmarschen/ ließ hinder jhm drei söne.

| Heinrich/ one erben. | Rudolph/ Marggraff zů Soltwedel vnd Graff zů Dietmarschen/ ist von den Dietmarschen erschlagen/ ließ zwen söne. | Vdo/ Herr zů Staden. Heinrich. |
|---|---|---|

Rudolff/

Rudolff/wirt schantlich mit seinem gemahel von Dietmarschen erschlagen/vnnd ins wasser geworffen.

Hartwich/Thumbropst zu Bremen.

Der vertauschet Dietmarschen vmb die Graffschafft Staden/aber kundt es auch nicht erhalten/vnnd ob gleich viel hernacher mit diser Herrschafft belehnet seind worden/seind sie doch allzeit so empfangen/dz endtlichen die Dietmarschen selbst Herren sein worden/biß sie der König von Dännemarck bezwungen hat. Ex Chro. Ioh. Peterf.

**Dinrstlacken/** Eine alte Graffschafft inn Westphalen/ vnd ist die stat des namens noch vorhanden/sol den namen haben von den Lacken vnnd Tüchen so da gemacht werden/ligt nicht weit von Düsburg/vnd Wesel. Der Hertzog von Berge ist herr jetzunder darüber. Hamelin descrip. Vuestphal.

Lazius gedencket der Graffen von Dünkeslare/so auch Pfaltzgraffen zu Sachsen gewesen. Als Bruno Hertzog Heinrichs zu Beyern son/welchs Hertzogen vatter Keyser Heinrich der Finckler gewesen.

Bruno der ander/des vorigen son zeügete võ Fraw Gisela/Hertzog Ernsten zu Schwaben nach gelassenen Wittfrawen/zwen söne vnd eine tochter/die Bonifacio einem Welschen Marggraffen beygelegt ward.

Der erste son Brunonis Ludolphus hatte vier söne/als Marggraff Braunen den dritten/der ward erschlagen Anno 1001 vom Pfaltzgraffen Herman zu Sachsen/Hertzog Otten an der Weser/vnd Marggraff Eckebrecht zu Meissen vnd Thüringen. Disem letzten Eckbrechten ist sein son Eckbrecht succedirt/welcher inn einer Mühlen erschlagen worden Anno 1090.

**Eberstein/** Dise Herrschafft ligt im land zu Braunschweige/bey dem Kloster Amelsbrun.

Anno 1106 hat gelebt Graff Cunrad von Eberstein/dessen mutter hat den heiligen Vicelinum in seiner jugent auffgenommen/vnd jhn mit nothurfft vnderhalten. Nun hatte dieselbige Gräffin einen Hoffprediger/den verdroß es das Vicelinus so grosse genade zu Hofe hatte/fraget derhalben den Vicelinum/ob er auch hette den Statium gelesen/vnnd als ers verantwortet/fraget er jhn/

C iiij

er solte jm die summa sagen/ vnd als er schwige/ versprach er jhn hefftig/ diß gab jm vrsach/ mit allem fleiß dem studieren obzůligen/ zog heimlich dauon auß dem schloß Eberstein/ vnnd kam gen Padeborn/ nam inn den gůten künsten daselbst also zů/ das er hernacher Schůlmeister zů Bremen warde/ vnnd der Slauen Apostel/ auch Bischoff zů Oldenburg der eilfft. Crantz in Saxo. lib. 5. cap. 29. Et Helmoldus lib. 1. cap. 43.

Anno 1212 lebete Graff Albrecht von Eberstein/ der dienete lange Keyser Otten dem vierdten/ vnd seinet halben kam er in grosse schulde/ vnd beschwerung seiner land vnd leüte/ weil jm aber der Keyser Otto nichts wider wolt erstatte/ wurde er sein abgesagter feind/ raubete/ vnd brante auff jhn/ hieng sich auch an den Bischoff von Magdeburg/ vnd weleten wider Otthonem/ Fridericum König beider Sicilien zům Römischen Keyser/ darein den der Bapst consentierte. Chro. Magde. in ultis episcop.

Anno 1256 Jst Graff Dieterich von Eberstein mit dem Bischoff zů Mentz/ Hertzoge Albrechten zů Braunschweig/ ins land zů Göttingen gefallen/ als er für der Assenburg lag/ vnd beraubete das. Nůn hatte der Hertzog einen vogt im lande zů Göttingen/ der both inn einer stille auff seine Bauren/ vnd vberfelt des nachts den Graffen vnd Bischoff gantz vnuersehen/ vnd nimbt sie gefangen/ füret sie ins lager für Assenburg/ da ließ der Hertzog de Graffen mit den füssen auffhencken/ biß an den dritten tag/ vñ den Bischoff ghen Braunschweig abfůren. Chro. Saxo. & Crantz in Saxo. lib. 8. cap. 11.

Heinrich Graff zů Eberstein/ des tochter Agneten/ die hat Hertzog Ernst zů Braunschweig vnd Grůbenhagen jm geehelichet.

Anno 1321 hat Herman Graff zů Eberstein dem Bapst gehuldet. Metrop. lib. 9. cap. 5.

Anno 1396 hat gelebt Graff Herman von Eberstein/ d hat mit dem Bischoff zů Padeborn Johan von der Hoya/ einen solchē vertrag auffgerichtet/ das er wolte/ wenn jm Gott keinen männlichen erben bescherete/ die Graffschafft inns Stifft Padeborn geben. Metrop. lib. 10 cap. 50. Aber Anno 1401 hat jm seine haußfraw einen jungen son gebracht/ da ist der vertrag nichts gewesen. Metro. lib. 11. cap. 10.

Hertzog Otto von Braunschweig/ der Hertzog mit dem schieffen beine genannt/ hat Elisabethen des letsten Graffen zů Eberstein tochter genommen/ aber keine kinder mit jhr gezeüget.

Anno

## Stammbůch.

Anno 1435 hat Hertzog Wilhelm zů Braunschweig dz hauß Eberstein belagert weil es der Inhaber des hauses / Rausche Pla te/mit dem Graffen von der Hoya wider jn gehalten hate/ dz auch hernacher erobert/ vñ die Herrschafft zům land zů Braunschweig bracht. Chro.Saxo.& Crantz. in sua Saxo. lib.11.cap.14.

**Egeln /** Eine Herrschafft im Stifft Magdeburg gelegen/ hat anfenglichē einen besondern herrn gehabt/ aber nach absterben desselbigen ist sie kommen an die Edlen herrn zů Hadmersleben.

Anno 1405 hat sich eine schädliche zwiespalt erhaben/zwischen dem herrn von Schwartzburg/ Ertzbischoff zů Magdeburg / vñ Graff Bernt von Anhald/da hat sich der Graff von Egeln zů den feindē des Stifftes gehalten/vnangesehen/dz er ein stiffts genosse gewesen/doch sie behaußet/ vnd auß seinem schloß grossen schaden in der Borde thůn lassen. Chro. Magde. & Crantz. in Metro. lib.11.cap.7.

Anno 1411 seind die von Schweichelde auff der Hartzburg/ Cunrad/Brandanus/Heinricus gebrüder/ iñ dz Stifft Magdeburg gefallen/dz Vieh hinweg getrieben/vñ andere schädē gethan/ da wurden wider sie geschickt/ Graff Cunrad von Egeln vnd herr Otto von Warberg/welcher jhm nach jagen erschlagen ward/ für Derneburg. ꝛc. Chro. Saxo. & Metrop. lib.11.cap.12.

Anno 1416 ist diser Cunradus Graff zů Egeln/der letste gewesen seins geschlechts/vnd weil er dañ keinen männlichen erbē ließ/ ist dz hauß Egeln an Graff Burckhard von Barbey komen (welcher es denn vom Hertzogen zů Sachsen inn gesampter Lehn gehabt) doch mit der Condition/dz er solte des verlassenen Cunradj tochter/so er im Ehestand mit herr Brotzen von Querfurt tochter gezeüget 2000 schock Behmischer groschen zů auffstewr 8 ehe geben. Als aber nůn hernach diselbige zůr ehe nam Graff Albrecht zů Berneburg/vnd der Graffe zů Barbey nicht konde das obgenañte gelt auffbringen/versatzte er dz hauß Egeln mit aller zůbehörung dem Ertzbischoff zů Magdeburg / das er konde der tochter Cunradj das Ehegelt entrichten. Chro Magde.

**Falckenstein /** Ein herrschafft vnnd schloß im Hartz gelegen/nicht weit von Hartzkeroda.

Anno 1220 vnd hernach lebte Graff Heger von Falckenstein/& ordnete inn der tewren zeit/das man kein ander Bier brawen durfft te denn ein Stübichen vmb einen pfenning / vnd verbot alle Bierschencken / damit man Brot / Korn haben mochte. Chro. Magde.

Anno

## Stambůch.

Anno 1223 hat diser Graff Heger auch Quedelburg gewonnen. Metr.lib.7.cap.39.

Anno 1271 hat gelebt Friderich Graff zů Falckenstein.

Anno 1289 hat gelebt Fraw Lutgard Gräffin zů Falckenstein/ herrn Walthern von Arnstein schwester.

Otto Graff zů Falckenstein/ hat gelebt Anno 1298/1305 vnd noch 1322. Seine Brüder seind gewesen/ Graff Volrath/ dessen noch Anno 1325 gedacht würt/ vnd Graff Conrad Thumherr zů Hildesheim/ vnnd Graff Heinrich Thumherr zů Halberstat. Graffen Otten aber vnnd Graffen Volraths söne seind gewesen Graff Otto zů Hildesheim / vnnd wider Graff Otto zů Magdeburg/ vnnd Burckhart zů Halberstat/ alle drei Thumherrn/ vnnd Graff Friderich.

Anno 1330 wirt gedacht Graff Burckharts zů Falckenstein.

Anno 1405 hat dise Graffschafft jnen gehabt Rudolphus Fürst zů Anhalt vnd Bischoff zů Halberstat/jetzunder besitzen das hauß vnd herrschafft die Edlen Junckern von der Asseburg.

## Frideburg/ Ein schloß vnd Dorff darbey an der Sala gelegen/ ist fürzeitten eine freye herrschafft gewesen.

Anno 1216 hat ein Herr da gewonet Hage von Frideburg/ hatt den Bischoff Albertum zů Magdeburg/ so von Ottonis des IIII hauptman Cesario gefangen/ vnd auff Wedisdorff gefürt ward/ widerumb helffen loß machen. Chro.Magd, in uita Alberti episco.

Hagen von Frideburg.
│
Ulrich ist Anno 1264 albereit todt gewesen.

| Hoier der älter | Hoier der Jünger | Ulrich 1273 | Sophia Pröpstin zů Wenthausen | Kunegund/ geistlich zů Quedlieburg. |
|---|---|---|---|---|
| haben Bornstett auch jnnen gehabt | | | | |

Seiffrid hat Bornstet verkaufft. 1286.

| Otto/ | Botho/ | Wernher 1312 seind auch Herrn zů Hadmersleben worden. ex literis Coenobrij Gerbstedensis. |

Anno 1368 hat dise herrschafft Bischoff Albrecht vom Stifft verkaufft für 300 Marck. Chro. Magde. Ist darnach wider ans Stifft gefallen/ biß Anno 1442 hat das hauß mit aller zůbehörung

## Stambůch.

hörung vnd gerechten / mit dem Dorff Wisenstet / Bischoff Günther / dē Graffen zů Manßfeld für 14000 schock Meißnischer gulden verkaufft / die es dēn noch haben vnd besitzen. Weitern bericht wirt (ob Gott wil) von diser Herrschafft thůn der herr Magister Cyriacus Spangenberg / in seiner Mansfeldischen Chronica.

**Gebekenstein /** Ein alt hauß / ligt an der Sala vnder der statt Halla / hat für zeitten auch einen eygenē herrn gehabt / darnach haben es einbekommen die Graffen zů Merseburg / biß da Esycus / Graff zů Merseburg ist gestorben / als dann hatt Heinricus II. der Keyser dise Herrschafft im jar 1004 dem Ertzbischoffe Dagano zů Magdeburg geschenckt / dann er jn lieb hatte / weil er zůuor sein getrewer Rhat / Cantzler vnnd Capellan gewesen / vnnd von diser milten schenckung sol das Schloß den namen bekommen haben / Geb / ich / den Stein / dann zůuorn es nůr zům Stein geheissen hatt / wie auß der Sachsen Chronica zů beweisen / darinnen steher / das Adelbertus der erste Ertzbischoff zů Magdeburg zům Steine gestorben sey. Anno 981. Chronica Merseburg.

Die Bischoff zů Magdeburg besitzen es noch heüt zů tage / vnd haben es mercklichen gebessert. Es gehöret darzů Halla die stat / Glauche die vorstatt / der Newemarckt / Lebekur / Conra / vnd wol jnn die sibentzig Dörffer / wiewol Bischoff Ludolph Anno 1206 vil sol daruon gebracht haben. Chro. Magde.

**Göttingen /** Eine Graffschafft / die statt des namens ist noch vorhanden.

Anno 1110 ist dise Herrschafft loß gestorben / da hat sie der Hertzog zů Sachsen / Lotharius eingenommen zů seinem lande / vnd bracht sie an das Hertzogthum an der Weser. Chro. Saxo.

Anno 1391 hat Hertzog Otto an der Leyna / für der statt Göttingen / auff der Kirchen daselbst / ein Castel machen / vnnd da auff die Burger achtung geben lassen / das man ja nichts mocht jnn die Statt bringen. Da haben sich die Burger auff gemacht / seind für das Castell gerůcket / das zerrissen / vnnd zwentzig wehrhaffriger mann darauff gefangen. Aber nichts desto weniger rüstet sich Hertzog Otto die statt zů belagern. Als

nůn

nůn die Burger das jnnen wurden/gedachten sie jhm zů begegnen/ vnd die weil vil vnnützes /loses gesindes inn der statt war/vnd sie des gerne weren loß gewesen/damit sie desto leichtfertiger kondten die belegerung aufstehn vnnd ertragen/ erdachten sie einen solchen rancke/ das sich an den orth alle arme leütte für der statt samlen solten/ da das Castel eingenommen/ vnnd gewunnen were/da wolte man Gotte dem Herrn zůr danckfagung für die victorj reiche Spende auftheilē/bald funde sich dahien viel volcks auß der stat/ als man jhnen nůn die Spende miltiglich hat aufgeteilet/ vnd sie wider zůr statt wolten/ waren die Thor verschlossen/ vnd wurde jnen herauf angesagt/sie solte sich an andere orth begeben/ biß auff bessere zeit/ man kondte jhr jetzunder inn der statt wol enthraten/ weil sie jnen darinnen beschwerlich weren. Da müste jederman sehen wo er bleiben mocht. Sax.lib.10.cap.14.

Was sich sonsten mehr iñ der statt Göttingen zů getragen/ vnd verlauffen hatt/ mag man lesen/ inn Saxo.Crantz.lib.10.cap.7. Item lib. 12.cap.1.36.3°. Item lib.13.cap.5.

### Hadmersleben/ im Stifft Halberstatt eine Herrschafft.

Anno 1238 hatte dise Graffschafft jnnen Otto Marggraff zů Brandenburg. Aber die Bischoffe zů Magdeburg vnnd Halberstat/gewonnen sie dem Marggraffen abe/vnd brachten sie an jre Stiffte/ haben darnach andere damit belehnet. Chro. Saxo.

Anno 1242 hat Ludolph von Hadmersleben Mönche Neumburg helffen verbrennen. Chro.Monche.

Anno 1255 hat gelebt Graff Gardin/ oder Gardewin/ von Hadmersleben/ vnnd zůr ehe genommen Fräwlin Agnes / von Braunschweig/ Hertzog Hansen Tochter/Chro.Saxo. Hatt noch gelebt Anno 1295.

Anno 1265 ist gewesen Friderich Herr zů Hadmersleben.

Anno 1277 hat gelebt Werner/ von Hadmersleben / zů welchs zeitten etliche auß dem Stifft Hildesheim/ des nachts ein fielen inn Hadmersleben/ der meinung/ sie wolten etliche Burger auffheben/ vnd hinweg füren/ aber es ward lautbar/ das die burger zůr wehr kamen/ da můsten sie die flůcht geben. Im nach jagen wurden jr viel gefangen. ɾc. Chron.Magd. in uita 32. epiſ.

Anno 1367 ward herr Hans von Hadmersleben erschlagē/
inn

Stambůch.                                           37.

inn dem kriege zwischen Hertzog Magnus zů Braunschweig/vnd
dem Bischoffe zů Hildesheim.

Anno 1416 ist der letste herr zů Hadmersleben gestorben Cun
radus/ der auch Graff zů Egeln war/ vnd weil er keinen männli
chen erben ließ/ fiel seine herrschafft ans Stifft. Das Kloster da
selbst ist gestifft Anno 1107 von Bischoff Reinhart zů Halber
stat. Chro.Saxo. würt vom Landuolck gemeiniglich Hoymersleben
genannt/jetzt hat es innen Christoff vom Hagen.

**Hakeborn/** Ist vor zeiten eine ansehnliche Herrschafft ge
wesen/ vnnd haben die herrn jren sitz auff dem schloß Helpede bey
Eißleben gehabt.

N. von Gottes gnaden Herr zů Hakeborn/ hat verlassen
nach seinem Tode.

Albrecht/ herr zů Hakeborn/ hat gelebt Anno 1230. vnd gelassen

Gerdraut/die andere Äptissin zů Rodardes dorff 1251. ist gestorben 1291 zů Helffte/dahin das Kloster von Rodardes dorff verleget word. Anno 1252.

Ludolph.

S. Mechtildes/ Kloster Fraw zů Helffte. Von welcher dz Biech geystlicher gnaden vn offenbarung/ gemacht ist.

Albrecht/hat gelebt Anno 1346. sein erstes Weyb hat geheissen Irmgard/ die ander Agnes.

Ludwig/ hat noch gelebt Anno 1270. vnd gelassen

Albrecht/ Friderich/ Sophia/ welche gelebt noch Anno 1297.

Albrecht/ dises weyb hat geheissen Sophia vnd hat gelebt Anno 1290.

Albrecht/Herr zů Helffte hat gelebt Anno 1310.

Ludwig/hat gelebt Anno 1305

Otto.

Albrecht/ der starbe

Friderich/sein gemahel eine Gräffin von Stolberg.

Joannes

Ludwig.

Friderich hat gelebt Anno 1370.

Schreiben sich von Hakeborne/ herrn zů Wippra.

Ir wappen/ ein Stern mit acht ecken oder strahlen.

**Haldesleue/** Sol vor zeiten eine Graffschafft gewesen sein/ ist aber bald abgestorben/da hat sie Heinricus Leo hertzog zů Sachsen zů sich genommen.

Anno 1161 haben die burg belagert Heinricj Leonis feinde/ vnd grosse Bolwerck vnnd Blochheüser dafür auffgericht/ damit sie die burg möchten gewinnen. Saxo. Crantz. lib.6.cap.10.

Anno 1180 ist Keyser Friderich vnd Leo da zůsammen kommen. vide Crantz,in Saxo.lib.6.cap.38.

Anno 1181 zog Bischoff Weichman von Magdeburg für Haldesleuen/ welches er für vier jaren hatte eingenommen/ vnnd nůn Heinricus Leo jm hatte wider genommen/ vnnd darauff gesetzt einen mercklichen Reuber Bernt von der Lippe/ der dem lande grossen schaden that/ lag dafür von Liechtmessen biß auff des heiligen Creützes tag/ da gewan ers vnnd zůbrachs in den grund/ zog also frölich wider anheym. Chro. Magde.in vita huius epiſ.

Die Sächsische Chronica sagt/ das sie haben die burg müssen auffdrencken/ damit sie die selbige gewinnen mochten. Es sey auch der Bischoff damit vom Keyser belehnet worden.

Anno 1223 ist sie allererst wider gebauwet.

Es schreibt auch Crantz,in Saxo. lib.6.cap.7. das ein Graff von Haldesleuen habe gestifftet das Kloster zů Luter/ Welches hernach Lotharius hat inn ein Mönch Kloster verändert/ vnd nach jhm Königs Luter genannt wůrt.

**Hallermund/** Eine Graffschafft gelegen an der Alre im Bisthumb Hildesheim.

Anno 1148 haben die Graffen von Hallermund gestifftet dz Kloster Schima. Metrop.lib.6.cap.42.

Anno 1182 haben Graff Ludolff vn Wilbrant gebrůder bey dē Leone gestanden vn den Bischoff zů Cöllen Philippum helffen bekriegen. Saxo.lib. 6. cap.39.

Anno 1462 ist Wildebrandus Graff zů Hallermund/ so zůuor Apt zů Corbey gewesen/der 49 Bischoff zů Minden worden. Crā. lobet jhn sehr Metro.lib.11.cap.42.

Vnnd mag gar wol diser Wildebrandus der letste Graff inn disem geschlecht gewesen sein/ denn vmb das jar 1480/ ist disc herrschafft/ durch den alten Hertzogen Wilhelm zů Braunschweig/ zů seinem lande bracht worden. Saxo. lib. 11. cap. 31.

Heruord/ Eine herrschafft vorzeiten/ ist aber bald abgangen/ auch noch zůr zeyt Caroli Magni. Dann Wolderus Graff/ als er keinen männlichen Erben hatte/ zog er zů Wetichindo/ so zům Hertzog inn Sachsen/ vnnd Christen neüwlich gemacht/ vnd erlanget von jm/ das er sein hauß vnd güter möcht zůr anrichtung eines Klosters geben/ das bewilliget Wetichindus/ da wurde das Kloster Heruord gestifftet. Hamel. in descript. Vuestphal. ex Chro. Mindensi.

Es ist diß Kloster hernacher reicher gemacht/ vnnd mit vielen gütern begabet worden/ von andern herrn. Cobbo Graff zů Tecklenburg hat viel güter der Kirchen zů Osnabrug entzogen/ vnnd disem Kloster zů gewand/ dieweil seine freünde darinnen die fürnembsten/ aufferzogen wurden. Metrop lib. 1. cap. 40. & lib. 2. cap. 17.

Die Kirche zů vnser lieben Frawen zů Heruord hat gestifftet Meinwercus der zehend Bischoff zů Badeborn. Metrop. lib. 4. cap. 4.

Holte/ Eine Herrschafft inn Westphalen vorzeiten. Crantz in Metrop lib 6. cap. 34. nennt sie Barones, das ist/ Panerherren/ oder Freyherren.

Der 53 Ertzbischoff zů Cöln Wigholdus ein gelehrter man/ ist ein herr von Holte gewesen. Chro. epifco. Coloniens.

Item der 28 Bischoff zů Münster Ludolphus. Metrop. lib. 8. cap. 14.

Item Wilhemus der 30 Bischoff daselbst. Metrop. lib. 8. cap. 45.

Anno 1144 ist Graff Philippus von Catzenelnbogen der 25 Bischoff zů Osnabrug worden/ vnder dem woneten die herrn võ Holte/ vnd richteten allenthalben vnfůg an/ vnnd trieben grossen mutwillen/ da wurde diser Bischoff verursacht/ das er sie darumm besprechen můste/ aber sie schlůgens inn den windt/ verliessen sich auff jhre festung/ můst derhalben der Bischoff sie mit gewalt angreiffen/ belagert jr schloß also/ das inn siben jaren sie kein prouiant bekommen mochten/ da wurden sie gezwungen sich zů ergeben/ vñ das feste hauß dem Bischoff zů antworten/ damit sie inn gehorsam leben möchten. Metrop. lib. 6. cap. 34.

## Stambůch.

**Holstein/** Eine weitberümbte vnd herrliche Graffschafft/ inn Nidersachsen in Nortalbingia gelegen.

Als Carolus Magnus die Sachsen hat bekrieget/ vnnd sie zům Christen glauben bracht/ hat er das land zů Holstein eingethan einem landvogt Albione / darnach Vthone. Da die nůn erschlagen waren/ kam es an die Hertzogen zů Sachsen. Vnnd sol Ludolphus hertzog zů Sachsen/ der erste herr inn Holstein worden sein.

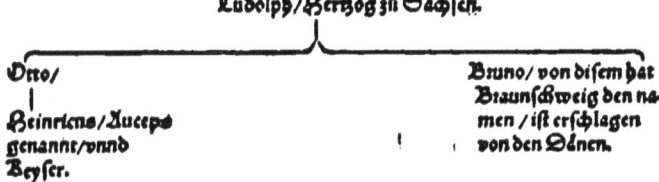

Otto Magnus Keyser/ diser hat das vnder Sachsenland/ darvnder auch Holstein/ Hermanno Billingi Son geschenckt/ vnnd ihn zům Hertzogen inn Sachsen gemacht.

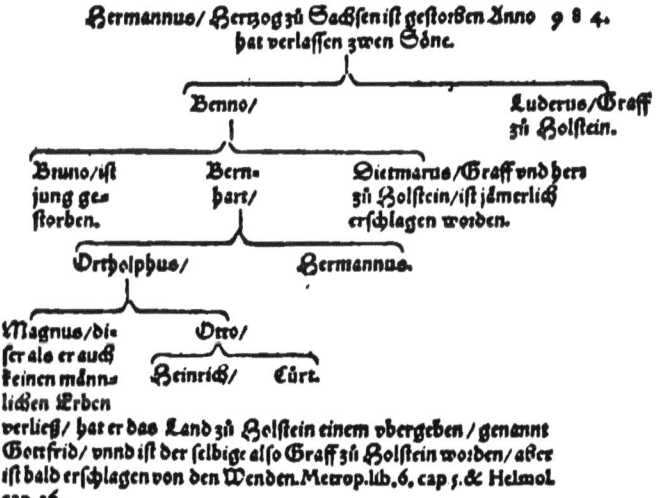

verließ/ hat er das Land zů Holstein einem vbergeben / genannt Gottfrid/ vnnd ist der selbige also Graff zů Holstein worden/ aber ist bald erschlagen von den Wenden. Metrop.lib.6, cap 5.& Helmol. cap. 36.

Nach dem tode Gotfridj hat Keyser Lotharius Adolpho von Schawenburg die Graffschafft Holstein geliehen / das geschehen ist vmbs jar 1114.

Adolphus

# Stambůch.

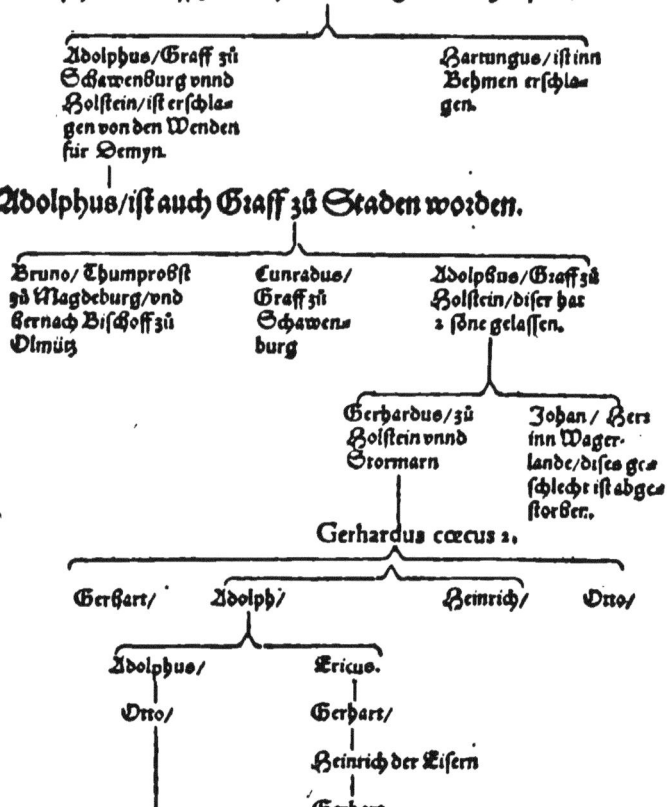

Diſer Otto ſolte das Hertzogthumb Holſtein bekom̃en haben/ als eine rechte Mansleh̃en/ nach abſterbẽ Gerhardj/ aber er ließ es dem Graffen võ Oldenburg/ hernacher Kŏnig zů Deñemarck/ vmbs gelt folgen.

Diſer ward zům Hertzogen inn Holſtein gemacht/ verließ eine Tochter die freyet Graff Dietrich von Oldenburg/ vnd wurde durch ſie Hertzog zů Holſtein/ vnnd das geſchlecht hat es noch heůt zů tage.

Volkommlichern bericht von diſer edlen herꝛſchafft mag man leſen inn der Holſteiner Chronica Ioh. Peterſ. vnd inn Saxo. Crantzii lib. s. cap. 26. da er die gantze Genealogiam ordenlich beſchreibet. Item Munſterum.

**Hohnstein/** Eine Graffschafft im Hartze die noch heüt zů tage vorhanden ist.

Anno 1080 sol dz hauß gebawet sein võ Cunrado der ein Neff gewesen ist Ludouicj Barbati herrn inn Thüringen. Chronica Thuringen.

Anno 1364 hatten sich auff das Schloß Hohnstein vil straf fenreüber gelegt/die thaten inn Thüringen grossen schaden/da machten sich Erffurd/vnd andere Thüringische stett auff/vnd zogen mit Graff Heinrichen von Hohnstein für das schloß/dasselbige zů stürmen vnnd ein zůnemen. Dieweil aber Hertzog Otto an der Leyna/inn rüstung saß/vnnd sie sich etwas für jhm besorgen můsten/das er den feinden im schloß nicht möchte beyfall geben/ zogen sie zů jhm/vnnd nach langer vnderredung/sagt er jhnen zů er wolte still sitzen/vnd durch die finger sehen/aber was geschah/ Als sie kaum dafür kommen waren/machte sich Hertzog Otto auff/mit seinem gerüsten volck/vberfiel sie vnuersehens/wurget vnd nimbt gefangen/wen er ankumpt. Aber wz er für lob dauon erlanget hat/liß Crantz.in Saxo.lib 9.cap.34.

Anno 1390 ist Graff Ernst von Hohnstein/Bischoff zů Halberstat worden/inn der ordenung der 32. Crantz in Metrop. lib.10, cap.38. sagt von jhm/er sey gewesen uir seuerus & industrius & iuxta nomen suum grauis, vnnd habe allzeit mit Friderichen Hertzogen zů Braunschweig im kampff gelegen/der auch nicht weichen wolte/ vnd also zwene harte steine zůsamen kamen/darumb sie auch nicht klein haben malen können. Metrop.lib.10.cap.38.

Anno 1403 ist Otto Graff zů Hohnstein Bischoff zů Merseburg worden der 36 inn der ordenung/hat vier jar regiert/würt nicht gelobt. Chro.Merse.lib.1.cap.44.

Anno 1415 seind auff dem Concilio zů Costnitz mit Marggraff Friderich von Meissen gewesen zwen Graffen von Hohnstein Heinrich genannt.

Anno 1437 waren vneins Bischoff Burckhart zů Halberstat vnnd Graff Heinrich von Hohnstein/da fiel der Graff dem Bischoff ins land/vnnd raubete was er antraff/Der Bischoff gedachte sich zůrechen/bringet auß seinen vnnd anderen vmbligenden stetten auff 800 pferd/vnd vber 1000 fußknechte/dem Graffen sein land damit zůuerheren. Erlanget auch geleith/ vnnd ein

## Stambůch.

ein sichern paß vnnd durchzug/ vom Graffen zů Schwartzburg
vnnd Stolberg/ wiewol man sagt/ das sie es mehr mit dem
Graffen/ denn mit dem Bischoff gehalten/ ja jhme volck zůge-
schickt vnnd fürschupff gethan sollen haben. Nůn hatte der
Graffe sein volck inn bequeme orth verstecket/ da nůn der Bi-
schoff daher zog/ fielen sie herfůr/ stachen/ wurgeten wen sie
antraffen/ da wurden jhr bey 300 gefangen/ die sich mit grossem
gelde lösen můsten. Der Bischoff ward durch ein schenckel geschos-
sen vnnd kundt kaume entkommen. Saxo.lib.11.cap.18.

Man sagt dise Niderlag sol geschehen sein bey dem Dorff Off-
terung/ dauon noch die Straß durch dē berg/ der Toden weg ge-
nannt würt. Vnnd seind dise verßlein dauon gemacht.

*Bis duo C post M Burckhard Triginta septem*
   *Semipolis Ciues, sed & armigeros & berules*
*Hohnstein prostrabat, uinclis iniustè grauabat,*
   *Huius consortes Stolberck Schuuartzburgq́; Cohortes.* Das ist.

   Als viertzehen hundert geschrieben ward
   Auch sieben vnd dreissig/ ist Burckhart/
So Bischoff war zů Halberstatt/
   Sampt seinem volck vnnd Rittern gradt/
Vom herrn zů Hohnstein so erlegt
   Das wer da kund/ zůr flůcht sich regt/
Da warn erschlagen viel im feld/
   Viel lösten sich mit grossem gelt/
Der Bischoff kriegt inns bein ein Schoß/
   Schwartzburg/ Stolberg warn mitgenoß
Des herren von dem Hohnstein/
   Es galt nur dem Bischoff allein.

Anno 1486 ist Graff Ernst von Hohnstein auff dem Thur-
nier zů Bamberg gewesen.

Jr wappen seind weisse vnd Rothe Schachtfelde/ oder balckē
vbereinander geschrenckt/ die viel vierecktter felde machen. Seind
auch herrn zů Lhara.

         Jre Genealogia sol dise sein.

| | |
|---|---|
| Adelgerus 1. Graffe zů Bilstein/ sein Weiß Bertrada/ oder Gerdraut von Zirchberg. | Ludwig herr zů Lora/ ist inn dem kriege/ den Hertzog Ulrich wider den König zů Behem gefürt/ vmb kommen Anno 1126. |

Adelgerus 2. sein gemahel Luttrud Gräffin von Orlamünde / der erste Graffe zu Hohnstein / auß dissem geschlecht Anno 1190. Ist inn Littaw zu Vilna blieben. Mart. Cromerus lib. 15.

Adelgerus 3. seine gemahel Oda geborne Burggräffin von Magdeburg / ist gewesen Anno 1215.

Heinrich 1.

Lilger 4. Graff von Hohnstein / der erste Prior zun Predigern zu Isenach / hat gelebt Anno 1236. vnnd ist gestorben Anno 1242. zu Franckfurt.

N. Klosterfraw zu Rore inn Francken Anno 1248.

Dieterich 2. sein gemahel Hedwig eine Gräffin von Artz / hat gelebt 1233.

Heinrich 2. sein gemahel Mechtild / Gräffin von Regenstein / etliche schreiben von Retz / der brachte Clettenberg vnnd Greüssen an die herrschafft Anno 1260.

Heinrich 3. sein gemahl Anna von Rauensburg / diser ist vom Apt zu Fulda gefangen worden / Anno 1304.

Dieterich 3. sein gemahel eine Gilffin von Waldeck / Er starb Anno 1329.

Adelger 5. Canonicus

Ulrich 1.

Adelger 6.

Dieterich 2. sein gemahel Sophia von Anhalt / die starb Anno 1330. Er bracht an die herrschafft Sundershausen / Straußberg vñ Vorstett / starb Anno 1309.

Luggardt Graff Albrechts zu Barbey gemahel / welcher starb Anno 1332. Sie aber für jm 1305.

Dieterich 4. sein gemahel Ermegardt Gräffin von Zefferburg.

Otto / Münch zu Walckeroben / Coadiutor vnd darnach Bischoff zu Mergsburg 1402.

Heinrich 4. sein gemahel Elisabeth / Gräffin von Waldeck / brachte zur herrschafft Schartfeld / Lara / Bleichrode / Beringen / Artern.

Albrecht / ein Tempelherr.

Diete=

## Stambuch.

**a**

Dieterich 5. sein gemahel Albeyt von Holstein/ die ander Sophia von Braunschweig/ sie starb Anno 1394.

Bernhard/ Anno 1344.

Ernst 1. Bischoff zu Halberstat/ Anno 1390.

Ulrich 2. sein gemahel Agnes/ Hertzogin von Braunschweig. Er brachte an die herrschafft Kelbra/ Morungen/ Wippra/ Heinrichsberg/ vnnd Schouwerde/ starb Anno 1404.

Heinrich Anno 1341.

**B**

Günther. Heinrichs der Baale starb Anno 1367. sein gemahel Mechtild Gräffin vō Orlaminde starb/ Anno 1368.

---

Heinrich 6. der verlobt Hohnstein/ Anno 1423. sein gemahel ist gewesen eine von Weinsperg.

Dieterich/ 6. gab Hohnstein/ Herigen/ vnd Kelbra halb/ Graff Bothen zū Stolberg/ starb im gefengnuß Anno 1417. Es ist dieser villeicht Graff Dieterichs des 4 Son gewesen.

Heinrich 7. mit der rothen platten/ sein gemahel Agnes Hertzog Otten zū Braunschweig schwester

Eilger/ 7. Probst zu Northausen/ Thumherr zu Magdeburg/ starb Anno 1346.

---

Joannes/ Edler Herr zu Heldrungen/ sein gemahel Anna Färstin von Anhalt Anno 1467. Fürst Georgen tochter.

Ernst 2. sein gemahel Anna Gräffin von Stolberg/ die starb Anno 1430.

Heinrich 8. der stoltze so zūm Steine gefangen gelegen.

Günther/ ist mit seinē Bruder geschlagen worden bey Osterbagen/ Anno 1415. von Hertzog Erich zū Brauschweig.

---

Bernhard/ Graff zū Hohnstein/ vnnd Vierraden

Wolffgang. 1425.

Anna/ Graff Ulrichs zū Reinstein gemahel/ 1430

---

Heinrich 9. der küne/ Graff zū Lara/ sein gemahel ein Gräffin zū Waldeck. Er starb Anno 1454.

Eilger. 8. Anno 1432.

Ernst 3. sein gemahel Albeit Gräffin von Aldenburg/ welche hernach Graff Gebharts zū Manßfeld gehabt. Graff Ernst starb Anno 1454.

Margaretha/ Graff Günthers des 3. zū Manßfeld gemahel 1450.

c d Ernst

Ernst/sein Gemahel Margre-  
ta/Gräffin zu Gera Anno 1488.  
die ander Felice geborn von  
Beichlingen/nachgelassene wit  
fraw Graff Carlins zu Glei-  
chen.

Joannes/Graff zu Hohnstein/  
Edler Herr zu Heldrungen/sein  
gemahel Catharina/von Glei-  
chen. Er starb Anno 1492.  
Sonnabent nach Misericordia  
Domini.

Eilger. 9.

| Anna/ | Hein- | Ernst/sein | Wilhelm/ | Wil- | Joan- | Eil- | Hein- | N. ei- |
|---|---|---|---|---|---|---|---|---|
| Graff | rich.10. | gemahel | Bischoff | helm | nes/ | ger | rich/sein | ne Graf |
| Albrechts | | Anna/ | zu Straß | | starb in | 10 | gemahel | fen von |
| zu Mansz | | Gräffin vō | burg An- | | Frieß- | | Susan- | Wung- |
| feld ge- | | Benthem | no 1506/ | | land. | | na von | de:ff ver |
| mahel | | | starb An- | | | | Bicken- | lobet. |
| | | | no 1541. | | | | bach G. | |
| | | | | | | | Albrechts | |
| | | | | | | | zu Mansfeld nach | |
| | | | | | | | gelassen witfraw. | |

Frantz.

| Chri- | Volck- | Wil- | Eber- | Ernst/sein | Batha- | Anna des | Martha/Anna/ |
|---|---|---|---|---|---|---|---|
| stoff | mar | helm | lein | gemahel | rina | Graffen | |
| | Wolff/sein | | | N Gräf- | Graff | zu Sultz | Geystlich. |
| | gemahel | | | fin von | Jacobs | darnach | |
| | Margreta von Barbey/ | | | Schwartz- | zu Bitsch | des von | |
| | die ander. rc. | | | burg/vnd | gemahel | Gerolz- | |
| | | | | Leütenberg | | eck gemahel. | |

Ausserhalben diser Genealogien/werden auch nachfolgende Herrn von Hohn-  
stein inn den Historien befunden. als.

Burghart von Hohnstein 1208.

Luggart/Graff Albrechts zu Barbey gemahel/ welcher starb  
1332. sie aber für jhm 1305.

Heinrich sein gemahel / eine Gräffin von Kefferberg / vnnd  
starb 1342.

Heinrich Apt zu Huseborg.

Elisabeth G. Günthers des 2.zu Mansfeld gemahel/starb 1412.

Joannes Graff zu Hohnstein herr zu Klettenberg/ sein Ge-  
mahel herrn Bruno zu Querfurt schwester.

Homburg/

## Stammbůch.

**Homburg/** Eine herrschafft vor zeiten.

Anno 996 ist Heinrich herr zů Homburg auff dem Thurnir zů Braunschweig gewesen.

Anno 1174 hat Adelock der 24 Bischoff zů Hildesheym/ dise herrschafft ans Stifft bracht/ durch einen rechten kauff/ mit bewilligung Keysers Friderici. Brusch. in uita huius epis.

Es haben aber die Bischoff dise herrschafft nicht lange behalten/ sondern andere damit belehnet/ wie denn Anno 1342 gewesen ist ein herr von Homburg mit Hertzog Albrecht dem Bischoff zů Halberstat/ als der selbige das Kloster Helffta bey Eysleben geplündert vnd verbrant hat.

Anno 1371 hat gelebt Graff Hanß von Homburg/ welcher ist für Lüneburg schändlichen mit vilen gůten leüten ermordet worden. Chro. Saxo.

Hertzog Friderich/ Hertzog Ernsten zů Braunschweig Son (nepos Heinrici mirabilis) hat zůr Ehe gehabt Fraw Elisabethen geborne Gräffin zů Homburg.

Anno 1435 haben die Hertzogen võ Braunschweig dise herrschafft vom Stifft Hildesheim vnder sich bracht. Chro. Saxo.

**Horstmar/** Eine herrschafft inn Westphalen hat vor zeitten reiche Graffen vnd herrn gehabt/ der letste herr sol gantz gütig vnd frumm gewesen sein/ das jhn auch beydes Heyden vnd Christē haben leiden können. Der Bischoff von Münster hat dise herrschafft vielleichte auß milter vbergebung des frummen herrns an sich bracht. Hamel.

**Hoia/** Eine herrschafft iñ vndern Sachsen/ vmb das 1190 jar hat sie jhren anfang bekommen/ schreibt Crantz in Metrop. lib. 7. cap. 8.

Anno 1208 hat gelebet Graff Heinrich von der Hoia/ ist gezogē wider die Stedinge/ die als reüber waren/ vnd hat jr vil erschlagen. Metrop. lib. 7. cap. 33.

Anno 1254 ist Gebhart der 33 Bischoff zů Verden worden/ ein Graff von der Hoia. Metrop. lib. 8. cap. 4.

Anno

Anno 1344 hat Graff Heinrich von der Hoia eingenommen das hauß Tedinghausen. Metrop. lib. 9. cap. 18.

Anno 1347 ist Graff Widichindus Bischoff zů Minden worden. Metrop. lib. 8. cap. 16.

Anno 1356 hat gelebt Graff Gerhardus von der Hoia / ist Gottfrid dem Bischoff von Bremen beygestanden / wider Mauritium der auch Bischoff sein wolte. Metrop. lib. 9. cap. 41.

Darumb auch die von Bremen jhm die herrschafft schentlich haben verwůstet. Cap. sequenti.

Anno 1358 vmb die selbige zeit ist Hertzog Wilhelm zů Braunschweig auff Hertzog Erich zů Sachsen gezogen an die Elben / vnnd da er jm hatte etliche heüser eingenommen / ist Graff Hans von der Hoia / der hertzog Erichs schwester zůr Ehe hatte / zů jhm gezogen / vnnd so vil gehandelt / das Hertzog Wilhelm zů frieden war / doch muste Hertzog Erich jhm seine schwester zůr Ehe geben / zeüget aber keinen Erben mit jhr. Saxo. lib. 9. cap. 31.

Anno 1370 hat gelebt Graff Albrecht / von der Hoia. Vmb dise zeit ist Graff Otto Bischoff zů Münster gewesen. Metrop. lib. 10. cap. 49.

Anno 1388 seind zwen Graffen von der Hoia bey Winsen inn der schlacht / zwischen den Hertzogen von Braunschweig / vnd deme zů Lüneburg vmbkommen.

Anno 1394 seind Graff Erich vnnd Graff Otto der Jünger von der Hoia / mit denen von Münster für Steinfort gelegen / den gefangenen Bischoff zů entledigen / haben beyde zwo schwestern / der eine Graff Otto / Fraw Helenam. Der ander Graff Erich / Fraw Agneten / Hertzog Magnus zů Braunschweig tōchter zů Ehegemahel gehabt / deren eine Fraw Agnet Graffen Bussen zů Mansfeld hinderlassen witfraw gewesen.

Anno 1398 ist Graff Hans von der Hoia Bischoff zů Hildesheim worden. Metrop. lib. 10. cap. 46.

Anno 1407 ist Bischoff zů Verden worden / Heinricus Graff zůr Hoia. lib. 11. cap. 39. Metrop.

Eben vmb dise zeit hat auch gelebt Graff Otto von der Hoia / hat es mit der statt Bremen gehalten / wider die Graffen von Oldenburg. Metrop. lib. 11. cap. 6.

Vmb

## Stambůch. 49

Vmb das jar 1434 hats Graff Hans von der Hoia/sampt dem Bischoff zů Cöln/ mit dem Graffen zů Spiegelberg gehalten/ wider die Hertzogen zů Braunschweig vnnd Lüneburg/ da seind sie jhm inns land gefallen/ vnnd sein Schloß Barenburg eingenommen. Saxo. lib.11. cap.14.

Anno 1441 ist Graff Albrecht võ der Hoia Bischoff zů Minden worden. Metrop. lib. 1, cap. 53.

Anno 1442 ist Gerhard Graff zů der Hoia Ertzbischoff zů Bremen worden/ sein Bruder Joannes Bischoff zů Münster/ sein vetter Erich Bischoff zů Osnabruck/ welches bruder Graff Hans gewesen. Metrop. lib. 11. cap. 40.

Joannes Graff zůr Hoia/ sein gemahel Elisabeth/ Gräffin zů Dieffholt.

Jost Graff zůr Hoia/ sein gemahel Armgart/ Gräffin von der Lippe.

| Just/ sein gemahel Magdalena Graffen Wolffes zů Gleichen tochter | Joannes/ sein gemahel ein Königin auß Schweden/ Böniges Gustauj schwester. | Erich/ | U. Graffen Friderichs zů Brunckhorst gemahel |
|---|---|---|---|
| | Johannes erstlich zů Osnabruck Bischoff/ Darnach zů Münster/ qui iam uiuit. | | |

| Albrecht/ sein gemahel ein Gräffin võ Oldenburg | Margreth/ Graff Rudolphe zů Dieffholt gemahel. | Just/ | Wolffgang ward vo eine Pferde getretten das er starb. | Erich/ sein gemahel Elisabeth tochter zům Retberge. | U. sein gemahl U. Gräf hel U. | Fridrich sein gemahl sin von Benthen/ des letsten von Retberg nachgelassene witfraw. | Irmel gardt. | U. U. |

**Hundsruck/** Ist ein orth des landes im Stifft Hildesheim zwischen Dassel vnd der Erichsburg.

Anno 1310 hat der 34 Bischoff zů Hildesheim/ Heinricus ein Graff von Woldenburg/ neben der Herrschafft Dassel/ auch diß orths landes zům Stifft bracht/ vnnd vom Keyser Heinrico Lützelburgensi inn die lehn bekommen. Bruss. inn seiner Epitome de Episcopatibus. & Metrop. lib. 9. cap. 3.

E

50 Stammbůch.

**Isenburg/** Eine Graffschafft inn Westphalen.

Anno 1227 hat Graff N. zů Isenburg gehabt 3. söne

| Bruno ward Bischoff zů Osnabrug. Metrop.lib.7. cap 43. | Dieterich Bischoff zů Münster.lib.8.cap.5. | Friderich/diser Rat der Birtzen zů Assinden grossen überlast gethan. |

Derhalben ward er vermanet vom Bischoff zů Cöln Engelberto/ aber er ließ jm nicht sagen/ vnnd verachtet alle Christliche vermanungen vnd warnungen. Da mů̈ste der Bischoff jhm mit gantzem ernst zů sprechen/vnd schatzet jhn zimlich/ das verdroß nun dē Graffen/ vnnd gedachte solchs am Bischoff zů rechen/hat derwegen acht auff jhn/ vnnd da er wolte die Kirch im Dorffe Zwelm ein weyhē/ vberfelt jn d Graff vnuersehens mit gewaltiger hand/ schlegt jhm acht vnd zwentzig wunden/ das er sterben můste. Es war groß trawren vmb den Bischoff/ denn er wol hauß hielt/vnd seines ampts fleissig wartet. Als nůn ein ander Bischoff erwehlet ward/ mit namen Heinricus/ der hatt seines vorfaren Tod also gerechnet. Es můste Graff Friderich sein Schloß selbst ein reissen/ vnnd sich gefencklich einstellen/ Nůn verlieff sich wol ein gantz jar ehe er gefangen ward/ wurde gehn Cölln gefürt vnnd geradtbrecht.

*Crudeli facto sæua pœna imponitur, decernitur rotis tormentalibus per crura, per brachia, per dorsum & ceruicem confringi. Ita pauit coruos nobile corpus,* sagt *Crantzius.* Nůn bliebe es bey diser straff nicht/ sondern die zwene Brüder Bruno vnnd Dieterich Bischoff/ wurden auch abgesetzt von jhren ämptern vom Bapst/ aber endlichen kamen sie wider zů genaden. Metrop.lib.7. cap.43.

Das alte zerrissene Schloß ligt noch bey der stat Haddingen in Westphalen.

Nůn seind heüt zů tage Graffen zů Büdingen/ wohnen bey Königstein/ nicht weyt von Franckfurt/ die schreiben sich von Isenburg/ ob sie aber des vorigen geschlechtes seind/ist mir nicht eygentlich bewust.

Derer Genealogia ist dise nachfolgende.

Johan=

## Stambůch.

N

Johannes/ sein gemahl
Anna Gräffin von Schwartz-
burg.

Dieterich

Anthonius/ Graff zu Isen-
berg/ sein gemahl Ame-
lia Gräffin von Reyneck.

Amelia
Graffen
Philipps
zu Naf-
saw ge-
mahl.

Anthonius
warde jäm-
merlich er-
mordet.

Philippes/ sein
gemahel F.
medgart Gräff
Philippes zu
Braunfels toch-
ter.

Ludwig/
ein Thum
herr.

Otto blieb
in der
schlacht
für Seeff-
friedhau-
sen 1553.

N. Der
Reine
Graffen
gemahel

Anthonius/ sein
gemahel Anna
Graffen von
Wiede.

Elisabeth Graff
Günthern zu
Schwartzburg
gemahel

Ludouica blo
sterfraw
zu Marien-
brun.

Heinrich/ sein
gemahl
N. von
Rodpolt-
stein.

Reinhart/ sein erst
gemahl Elisabeth
von Waldeck/ die
ander Margretha
von Manßfeld.
Don der ersten/

Margretha Graf-
fen Balthassarn
zu Naffaw ge-
mahel

Wolf
Ernst/ sein ge-
mahl ist ge-
wesen des Prin-
tzen zu Dranien
schwester.

Anna

George/
sein ge-
mahel N.
ein Gräffin
von Werr-
hein.

Maria/

Elisa-
beth.

Wolffgang
sein gemahl ist gewe-
sen ein Gräf-
fin von Has-
saw.

Sybilla
Burgge-
graff
Sigmund
des zu
Kirch-
berg ge-
mahel

Barba-
rina
Graffen
N. zu
Salm
gema-
hel.

Anna
eins
Herrn
von Berns
stein ge-
mahel.

Amelia

## Itter/

Ein Graffschafft ist gelegen bey der Stat Corbach.

Anno 1304. ist Theodoricus der 26. Bischoff zu Paderborn
worden/ seines geschlechts ein Graff zu Itter. Metrop. lib.4. cap. 47.
Et Brusch. in sua Epitome.

Der Landgraff zu Hessen hat jetzunder dise herrschafft.

**Kappenberg/** Eine Herrschafft inn Westphalen. Crantz in Saxo.lib.5.cap.15. gedencket Graff Ottons von Kappenberg/das er hab zůr Ehe genommen Graff Friderichs zů Arnsberg Tochter (welches Graffen Friderichs mütter war gewesen/ Hertzog Otten tochter an der Weser) vnd mit jhr gezeüget ein tochter/ genant Heilich/ Die hat er zůr Ehe geben Graff Eilmar võ Oldenburg/ der mit jr gezeüget

| Heinrich/ Graff zů Oldenburg. | Christian/ Graff zů Oldenburg. | Otto/Propst zů Bremen. |

Metrop. lib. 5. cap. 31.

Anno 1186 hat Wernerus der 21 Bischoff zů Münster so vil zů wegen bracht/ daß das Kloster zů Kappenberg Præmonstratenser Ordens ist auffgericht worden mit grossem kosten/ vnd gütern begabt/ weil es dazůmal ein newer Orden war/ vnnd hat der Bapst solche lust zů dem Kloster gewunnen/ das er wolte dahin begraben werden. Metrop.lib.6.cap.45.

Anno 1215 haben dise Graffen võ Kappenberg noch gelebt/ denn Crantz schreibet in Metrop.lib.7.cap.33. Das Graff Hermannus Bischoff zů Münster/ vnnd Graff zů Behem/ sey der Graffen von Kappenberg freünd gewesen.

**Katelenborg/** Eine herrschafft vorzeiten ist gelegen bey der stat Northeim.

Anno 1100 hat Dieterich der letste Graff auf seinẽ schloß Katelenborg ein Kloster des namens gestifftet/ wie denn sein Vatter/ auch Dieterich genannt (welches gemahel Gertrudis Marggraff Egbrechts zů Sachsen tochter/ Graffen Heinrichs zů Northeim hinderlassen Witfraw gewesen) das Münster zů S. Alexander inn Eimbeck gestifftet hat. Chro.Saxo. vnnd ist diß Kloster hernach ein Nonnenkloster worden/ ligt nicht weit von Hertzberge/ vnnd helt jetzt hoff daselbst Hertzog Philipp von Braunschweig vnnd Grůbenhagen.

Albertus Crantz schreibet inn Metrop.lib.5.cap.31. Das Hertzog Otto an der Weser vnder anderen Kindern habe gehabt

Heinrich/

## Stambůch.

Heinrich/ diser hat gefreyet Gerdraut/Marggräffin von Sachsen/ vnnd mit jhr gezeüget Riram/die Lotharius Caesar zůr Ehe nam. Als aber nůn Heinrich verstarb freyet Gerdraut Graff Dieterich von Badelenburg.

Cůno/ diser Cůno / saget Crantz/ sol Badelenburg haben helffen stifften/vnd seinen Hoff Königshoffen/so er des ortts hatte darzů geben.

**Landsberg/** Eine Graffschafft/dauon das alte zerrissene schloß noch verhanden/zwischen der Elben vñ Salah. Die Meißnische Chronica sagt Marggraff Dieterich sol es gebawet haben/ Anno 1170 mit der Capellen/vñ darzů gelegt Sangerhausen/ Petersberg/Scopaw/Leckestett/Delitz/ec. Sagt Crantz, in Saxo. im jar 1318.

Dazůmal hat auch gelebet Hertzog Magnus von Braunschweig/der nam zůr Ehe Agnes des Graffen tochter zům Landsberge/vnd bekam mit jr zůr ehesteŵr die gantze herrschafft/hat mit jr gezeüget vier söne.

| Albrecht/wird Bischoff zů Bremen. | Ludouicus/ Hertzog zů Lüneburg. | Chrt starb in Jtalien. | Magnus hertzog zů Braunschweig. |

Crantz. in Saxo. lib. 9. cap. 11.

Es behielten aber die Hertzogen zů Braunschweig dise Herrschafft nicht gar lange. Deñ Anno 1367 wurde Hertzog Magnus im streit von dem Bischoff von Hildesheim gefangen/dem můst er groß gelt geben/wolte er loß sein/ da můste er dise herrschafft verkauffen/ vnd gab sie vmb einen geringen schatz/ den Hertzogen võ Sachsen. Chron. Saxo.

Jr wappen seind fünff balcken/die lenge herab/zwen schwartze vnnd drei weisse.

**Lawenrode/** Eine herrschafft vorzeiten/das Schloß ist gelegen/da jetzund die Newstatt ligt für Hanofer der stat/vnd hat dazůmal Hanofer darzů gehört.

Anno 937 hat gelebt Wilhelm Graff zů Lawenrode/ ist mit vff dem Thurnier zů Magdeburg gewesen.

E iij

Anno 1156 sturben die Graffen allesampt/ da nam Hertzog Heinrich der Lawe die Hertschafft ein/ vnnd ließ die stat bessern. Chro. Saxo.

Es soll auch ein Graff von Lawenrode das Closter S. Augustinj inn Verden gestifft haben. Metrop lib.6.cap.33.

Anno 1371 beklagten sich die von Hanofer/ vber das Hauß Lawenrode/ darauff jhn grosser schaden vnd vberlast geschah/ für dem Hertzogen zů Sachsen Albrecht/ derwegen zogen sie dafür vnd rissen es inn grund. Chro. Saxo.

**Linau/** Ist vorzeiten auch eine Graffschafft gewesen. Als im jar 1349 der gefehrliche vnd schädliche krieg entstund im Stifft Bremen/ zwischen Bischoff Gottfrid von Arnsberg vom Bapst dazů Confirmirt/ vnnd Mauricio Graffen zů Oldenburg/ den seine vorfahren zům Bischoff erwelet/ vnnd weil er sein Vicarius gewesen/ die ämpter inne hatte/ daselbst hat der Graff von Linau vnnd Stenfort/ Mauricio von Oldenburg inn die 900 wehrhaffriger leüt zůgeführet/ vnd grossen schaden gethan. Metrop. lib. 9. cap. 40.

Nun hatten sie auff dem hauß Linau etliche leütte/ die dem lande grossen schaden thaten/ mit rauben vnnd morden. Derhalben ward beweget Hertzog Erich zů Sachsen/ das er mit jnen vmbs hauß handelte/ gab jnen gelt/ da kaufften sie den sumpffingen ort zů Darsing. Aber als sie da auch wolten den vorigen handel treiben/ haben sie die Hertzogen von Mechelburg/ vnnd Hertzog Otto von Lüneburg auß dem lande getrieben. Chronica Saxon. lib. 9. cap. 11.

**Lippe/** Eine Hertschafft inn Westphalen.

Anno 1011 hat Keyser Heinrich dem Bischoff Meinwerco zů Padeborn die Graffschafft Haholt gegeben/ vnnd würt gedacht/ das inn dieselbige Graffschafft gehört Lemgo/ Diethmolden/ Laga/ Sultbecke. etc. welches alles jetzt den Graffen zůr Lippe züstendig.

Anno 1167 ist Graff Gerhart von der Lippe Bischoff worden zů Osnabrug/ hat 27 jar wol regirt. Metrop.lib.7.cap.7.

Anno 1181 lebete Graff Bernhart von der Lippe. Heinricus der

# Stambuch.

cus der Lawe satzte jhn auff Haldesleben/ das er solte auff das Stifft Magdeburg rauben/ wie er denn auch that/ das Bischoff Weichman müste dafür ziehen vnd jhn mit gewalt herauß treiben. Chro.Magde.

Gerhart Bischoff zů Osnabruck/ darnach Ertzbischoff zů Bremen.

Vmbs jar 1220 hat gelebt Graff Bernt von der Lippe/ ist ein Mönch worden/ darnach ein Apt/ endlich ein Bischoff/ vnder andern waren seine kinder.

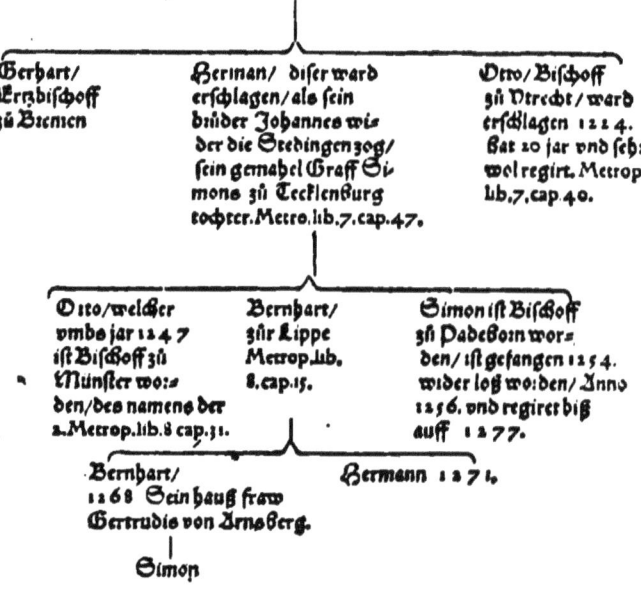

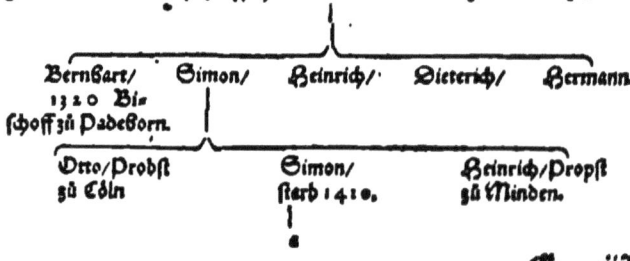

Diser hat Anno 1285 das hauß Engern jnne gehabt/ vnd darauß grossen schaden gethan dem stifft Osnabrug. Derwegen müste Bischoff Ludwig auff jn ziehen vnd jn gefangen nemen/ biß er bewilliget/ was der Bischoff haben wolt. Metrop. lib.8.cap.51.

# Stambůch.

Bernhart / sein gemahel Elisabeth Gräffin zů Morse starb Anno 1415.

Simon sein gemahel eine Fürstin von Braunschweig vnd Gutenhagen Margretha genannt / Hertzog Erichs tochter.

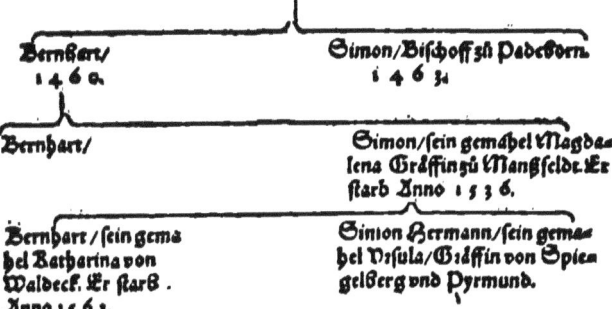

Vmbs jar 1400 Als Wilhelmus Bischoff zů Padeborn war / wolten jm die herrn von der Lippen nicht hulde / derhalben zeühet er auff sie / vnd ob sie dem Bischoff gleich offtmals den kopff boten / doch als sie jhm zů schwach waren / müsten sie sich dem Bischoff vndergeben. lib. 11. cap. 15.

Zůr zeit Alberti Crantzij seind herrn zůr Lippe gewesen

Simon / ist Bischoff zů Padeborn.

Bernhart, *Vir supra multos militares satis ad bella fortunatus, animosus, constans, procerus, fortis & omnibus uirtutibus militaribus præeminens.* So lobet jhn Crantz. in Metrop. lib. 11. cap. 47. Sie haben auch beide kriege gefůrt wider den Landgraffen von Hessen / der jnen etwas vom Land wolt entfrembden. Saxo. lib. 11. cap. 5.

**Luchaw** / Eine reiche Herrschafft im Hertzogthumb Lüneburg.

Anno 1133 sol Graff Burckhart von Luchaw ermordet sein von Graff Herman von Winsenburg. Chro. Saxo.

Anno 1151 starb der letste Graff von Luchaw (auch Burckhart geheissen) vnd befahl für seine ende / jn / wie seine voreltern / in einen aufgehöleten Eychenbaum zů verpflocken vnd also zů begraben / da na-

## Stambuch.

da namen seine Schwäger/ der Graff von Oldenburg vnd Hallermund/ die herrschafft zů jren händen/ vñ stiffteten daruon das Kloster zů Luchaw/oder Loken/Cistracienser ordens. Metrop.lib.6. cap. 42.

Es hat auch Graff Heinrich von Oldenburg/weil er dise herrschafft hatte/gestifftet das Kloster Clotaw auch Cistracienser ordens/welchs hernacher gelegt ist worden gehn Reme/ Dieweil es aber da an wasser mangelt/ist es transferirt worden gehn Voldorp/ da es denn noch ist. lib.2.cap.6.

Vnd haben dise herrschafft jnen gehabt die Graffen von Oldenburg/ biß auffs jar 1312. da ist sie ans Hertzogthumb Lüneburg kommen/ durch Hertzog Otten hertzog Hansen son zů Lüneburg. Chro. Saxo.

Johan Petersen schreibt im ersten theil seiner Holsteinischē Chronica/dz kurtz zůuorn/ehe die Hertzogē die herrschafft an sich bracht haben/ Anno 1306 der letzte Graff des geschlechts von Oldenburg/habe eine tochter gehabt vnnd sie zůr ehe geben einem Graffen von Manßfeld/vnd da sie ein mahl jren alten vatter heimsüchen wil/ vnd sie vber die Lüneburger heyde gefaren ist/ da habe sie im Holtz ein erbärmlich geschrey gehört/ als eines alten Mannes/ vnd als bald einen diener was da were/abgeschickt sich zůerkundigen/ weil aber das geschrey jnner geweret/vñ der diener nicht balde wider kommen/sey sie selbst dem geschrey gefolget/ vnd gefunden einen alten betagten Man/ deme sein son ein loch machte/ vnd jn gebunden wolte darein verscherren. Da sie solchs gesehen/ vnd der alte berichtet/es were so eine gewonheit im lande/er hette es seinem vatter auch gethan/habe sie dem son etlich gelt geben/ den vatter lenger dauon zůerhalten/vnd sey dauon gefaren/vñ souil verschaffung gethan/dz solche böse gewonheit ist abgebracht worden.2c.

Magdeburg/ Ist vor zeiten eine herrliche Burggraffschafft gewesen/ wie sie denn noch heüt zů tage die Churfürsten zů Sachsen haben/ vnnd sich Burggraffen dauon schreiben.

Die Ersten Hertzogen zů Sachsen von Witichindo/vnd sonderlich Heinrich der Keyser/vnnd Otto der erste/ haben dise herrschafft inne gehabt/ vnnd als Otto da ein Bisthumb stifftet im jar 970/ leihet er diser Herrschafft lehn dem Bischoff ein/doch das der Burggraff den Ban solte bey dem Reiche sůchen. Chro. Magdeburg.

Anno

## Stammbůch.

Anno 930 wurde dise Burggraffschafft gelauhen einem herrn in Sachsen genant Gero/ diser hat einen bruder gehabt/ mit namē Friderich/ der ist Anno 937 auff dē Thurnier zů Magdeburg gehalten auch gewesen. Geronis sitz aber war auff dem schloß Gersdorff genannt/ für Quedelburg gelegen/ dauon das alte gemewer noch heůt zů tage vorhanden vnnd zůsehen ist. Als er nůn Burggraff ward/ vberließ er denselbigen seinen sitz seinem sone Geronj/ er aber zog auff Magdeburg/ vnd ließ zwene sőne. Als

          Bernharten /vnnd Geronem.

Bernhart ist Bischoff zů Halberstat worden/ vnd als Keyser Otto wolte ein Bisthumb anrichten zů Magdeburg/ wolte ers jm nicht gestatten/ Derwegen ließ jn der Keyser gen Quedelburg gefencklichen füren/ der hoffnung/ er würde die bewilligung als deñ von sich geben/ weil Magdeburg inn seine Pfarr gehorte. Aber was geschahe/ der Keyser kompt gehn Quedelburg/ als das der Bischoff erfaren/ lest er jhm bringen seinen Bischofflichen ornat/ vnnd bitt den Keyser für sein gefencknuß zů kommen/ der sich solches gar nicht wegerte/ inn gůter hoffnung/ der Bischoff würde sich bedacht haben/ Aber da thut jhn der Bischoff mit hertzhafftigen worten inn den Bañ/ Den Keyser verdroß es wol/ doch gleich wol můst er den Bischoff loß/ vnnd jhme seine diœcesin vnzerteilet lassen.

Gero sein brůder succedirte dem Vatter/ vnd ward Burggraff zů Magdeburg/ dises Geronis kinder seind

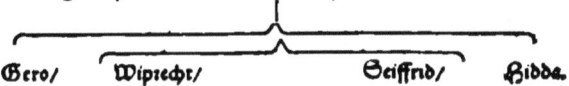

   Gero/   Wiprecht/     Seiffrid/   Hidde.

Diser Gero hat einen son gezeüget/ hieß Seiffrid/ sein gemahel hieß Hedwig/ da nůn der son für dem vatter starb/ stifftet er Gernrode für dem Hartze/ vnd gab dartzů seines sons erbe/ vnnd satzte Hedwigen zůr ersten Eptissin vnnd Domina dahin/ ist gestorben Anno 965. 14. Calen. Iul. Chro. Saxo. Ist ein auf der massen seiner Herr vnnd Held gewesen/ wie jhn denn die Historien nennen/ einen beschirmer des Vatterlandes/ vnnd sein Epitaphium auch anzeyget/ welches zů Gerenrode inn der Kirchen noch heüt zů tage zůsehen ist.

   Gero Dux & Marchio fundator Ecclesiæ
   Saxonum.

                                        Epitaphium.

*Epitaphium Geronis Ducis Marchionis, fundatoris Ecclesiæ Gernroꝰ densis.*

Zů Laußnitz erster Fürst was ich.
  Dreissig Wendischer Herrn tödtet ich.
Stifftet Gernroda von eygener hab/
  Daselbst man sihet noch heüt mein grab.

*Anno Domini DCCCC LXV. 14 Calendas Iulij obijt Illustris Dux & Marchio Gero huius Ecclesiæ fundator, cuius anima requiescit in pace. Amen.*

Wiprecht starb ohne Erben.

Seiffridt/als er auch keinē Erben hatte / stifftet er Grüningen/ welchs jetzunder das hauptschloß ist im Stifft Halberstat.

Hidda Geronis tochter/ welche die Sachsen Chronica Wiborch nennet/ hat gefreyet Graff Christian/ herr zů Lusatz/ vnd mit jm gezeüget zwen söne.

| Gero ist Ertzbischoff zů Cölln worden. | Tiethmarus/ als diser auch keine Erben zeügete / haben beide Brůder von jren gütern gestifftet das Kloster an der Salah Mönchs newenburg/ Anno 975. wie deñ das Epitaphium/ so inn der Kirchen des Klosters/ in einē stein gehauwen/ auß weiset. |

*Tithmarus cum filio Marchio Misnensis
  Pro tunc Dominus Lusacensis.
Claustrum fundauit, dotauit nos quoque pauit
  Voce sub humana, sit ut hic laus quotidiana
In Christi cultum saluet cum prole sepultum
  Hæc pro dote piæ pater obtulit ultro Mariæ.*

Anno 978 ist diser Marggraff Tiethmarus gestorben.

Als nun diß geschlecht der Burggraffen also erbloß starb / hat Keyser Otto/ neben dē hertzogthum in vndern Sachsen/ dise herrschafft geben Hermaño Billingi son/ võ Stubesgehorn/ der seiner kinder zůchtmeister gewesen/ vñ sich in allen stucken gegen dē Keyser trew/ auffrichtig vnd Christlich hatte verhalten.

Von jm ist sie darnach kommen an die Graffen von Walbke bey Helmstet/ da hernacher eine Canoney gestifftet ist. Von dañen an
                                              die herrn

die herrn von Plotzke/weiter an die von Querfurt. Metrop. lib. 6. cap. 22. vnnd darzu halff der Ertzbischoff Cunradus daselbst/das also sein bruder Burckhard Burggraff zu Magdeburg ward.

Fürter ist sie kommen an die herrn von Schrapelaw/ Endtlichen wider an die Hertzogen zu Sachsen/ die sie denn noch haben.

Das wappen ist ein halber Adler/ vnnd drey Balcken.

**Manßfeld/** Eine alte/ Edle vnnd löbliche Graffschafft/ die noch (durch Gottes gnad) inn hohen Würden stehet/ vnd nicht vnbillich mag gerümet werden/ weil auß ihr der mann Gottes/ Doctor Martinus Lutherus geboren ist/ vnd die reine lehr Jesu Christi darinnen noch gepredigt würt/durch alle sampt seine Christliche/ bestendige bekenner vnd diener Gottes/zuvor auß durch die zwene Ehrwürdige vnnd hochgelehrte Männer/ vnnd trewe diener Jesu Christi/ Herrn M. Hieronymum Mencelium/ der gantzen herrschafft Superintendentem, vñ M. Cyriacum Spangenbergium Pfarrherr/vnd Dechant der Kirchen zu Manßfeld. Auch daß das Edle Kleinoth/ das herrliche Schiefferbergwerck darinnen ist.

Wie alt aber dise herrschafft ist/ kan ich eygentlich nicht wissen/ Man list inn dem Heldenbuch/ das Anno Christi 542 sol ein Graff von Manßfeld Hegerus genannt/ an König Artus hoffe inn Engelland gewesen sein/vnd an der taffelrunde gesessen.

Anno 938 ist Otto Graff vnnd Herr zu Manßfeld auff dem Thurnier zu Magdeburg gewesen.

Anno 981 zur zeit Ottonis als die Graffen die Hunnen speiseten/seind sie inn die Acht erkleret.

Anno 1082 ist Graff Ernst von Manßfeld/ wider Keyser Heinricum IIII/ mit den Sachsen gezogë/vnd die Friesen für Eißleben geschlagen.

Anno 1115 hat gelebt Graff Hoyer von Manßfeld/ der dem Keyser Heinrico V. dienet wider die Sachsen/ vnnd den eilfften Februarij inn der grossen Niderlage bey Welffesholtz erlegt ist/ võ dem schreibet Helmoldus cap. 41. also.

*Cecidit in eo bello Hagerus, princeps militiæ Regis, natus & ipse in Saxonia,*

# Stambuch.

Saxonia, destinatus ad ducatum Saxoniæ si res prospere cessissent.

Vnnd Abbas Vrsbergensis sagt von jm also.

Cum per aliquot dies pars utraque alteri minaretur & parceret, quidam uir fortis, nomine Hoyar, qui dudum inter multa, quæ bellicose egerat Sigefridi Palatini Comitis nece, se famosissimum in aula regis effecerat, assumpta omni electa iuuentute, quæ, ut ipse moræ fuit impatiens, Saxones nimirum compatriotas audacter inuasit, ipseque leonina ferocitate dimicans, gloriæ cupiditate, qua flagrabat, multis secum cadentibus, propria morte probauit.

Dises etzele ich darumb/ das man sehen sol vnnd mag/ wie vnbillicher weise/ diser Edler Herr/ vnnd seine Nachkommen aufgetragen werden/ als solten sie vntrewlich an jhrer Oberkeyt gehandelt/ vnnd meineydig worden sein. Aber es muß allen so gehn/ die es nicht mit dem Bapst/ Heüchlern/ vnnd Suppenfressern halten.

Von disem Adelichen Ehrliebenden Ritter vnnd Kriegsman Hoyer/ seind die wolgebornen vnd Edlen herrn von Manßfeld/ die noch leben/ vnd das hauß Manßfeld innen haben/ entsprungen vnd herkommen.

Anno 1260 warde zům Ertzbischoff zů Magdeburg erwelet Rupertus Graff vnnd herr zů Manßfeld. Er empfieng sein Pallium vom Bapst Alexandro/ war siben jar Bischoff/ bracht inn das Gottes hauß/ Zorbeck. Er ist den Juden hefftig feind gewesen/ hat sie wol geschatzt/ vnnd endtlich auß dem lande getrieben.
Metrop. lib. 8. cap. 13.

Gründlichen vnnd volkommenen bericht/ von diser Edlen herrschafft/ beyde des landes/ der herrn/ güter vnnd vnderthanen/ würt man (ob Gott will) inn einer kürtze finden vnnd lesen inn der Manßfeldischen Chronica/ so der Herr M. Ciriacus Spangenberg dauon aufgehn würt lassen.

**Marca/** Eine herrschafft inn Westphalen.

Anno 1160 sol sie haben jhren anfang bekommen/ durch zwen Brüder Adolphum vnnd Johannem/ die auß Italia kommen/ sagt Crantz. in Metrop. lib. 6. cap. 17.

Dagegen schreibet Munsterus im dritten buch võ der herrschafft Berge/ das habe angefangen zur zeit Heinrici Aucupis/ die Graffschafft Altena/ welche Crantz außdrucklichen offtmals nennet die Graffen von der Marck. lib.10.cap.12.

Anno 1132 war Bruno von der Marck der 38 Ertzbischoff zů Cöln/ darnach Arnoldus der 40. Fridericus der 41. Bruno der 44. Adolph der 45. Der kam darnach gehn Lüttich/ oder Vtrecht.

Otto Graff zů Altena/vnd Engelbertus võ der Marcka/seind mit im Cölnischen bunde gewesen / wider Graffen Simon von der Lippa im jar 1254/ haben jhn auch helffen erlegen vnnd fangen.

Anno 1308 ist Gerhart Graff zur Marck Bischoff worden zů Münster/ Crantz lobet jhn sehr/das er ein Heyliger man gewesen sey. lib.8.cap.55.

Anno 1343 starb Adolph von der Marck/ Bischoff zů Lüttich/ vnd kam an seine stat Engelbrecht von der Marck/ welcher Anno 1363 Ertzbischoff zů Cöln ward/ sein Brůder Graff Dieterich war lange zeit Coadiutor zů Osnabruck/ dem Stifft nützer dann die Bischoff selbst. Metrop.lib.10.cap.4.44.vnd 48.

Anno 1348 hat Ludouicus Landtgraff zů Hessen/ vnd Bischoff zů Münster bekrieget den Graffen von der Marck/ vnnd ob er gleich grossen anhang hatte/ ju doch bezwungen. lib.9. cap.27.

Auch hat gelebt zů diser zeit Graff Adolph von der Marck/ der Bischoff zů Münster worden ist. lib.9.cap.45.

Anno 1390 hat die stat Tremon/ oder Dortmůnde gekriegt wider den Graffen von der Marck/ der jhr nachbawr war/ vnd von alters her hieß der Graff von Altena/ denn der Graff mit hülff des Ertzbischoffs von Cöln/ verwüstet jhnen die äcker/vnd ließ keinen Burger zůr stat sicher auß vnnd einziehen. Aber die sach kam zum vertrag also/ das die stat Dortmůnde dem Graffen / wegen des schutzes/ kein gelt mehr geben solte/ wie zůuorn geschehen/ auch solte der Graffe abreissen die Schlösser/ so er inn des Bischoffs namen auffgericht hatte/ Die Burger aber solten dem Graffen leyhen zwentzig tausent gulden/ welche er bey seinem leben nicht/ sondern seine erben erlegen solten. Saxo.lib.10.cap.12.

Welue-

## Stambůch.

**Welueroda/** Eine Herrschafft in Sachsen/im Hertzogthumb Braunschweig/vnd haben dise herrschafft jnen gehabt die nachkommen Heinrici Aucupis.

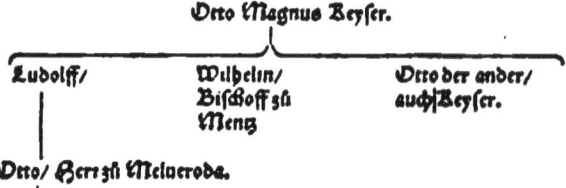

Bruno/ Bischoff zů Verden/darnach Römischer Bapst/vnnd Gregorius der V. genannt/ ist auch ein Herr zů Melueroda gewesen/ sagt die Sachsen Chronica/im jar 984.

Vnnd Crantz schreibet. lib.4.Saxo.cap.17. Das Bruno der erste Marggraff inn Sachsen/ Heinrici Ottonis des ersten Brůder son/ sey auch ein herr zů Melueroda vnd Hogeworde gewesen.

**Mülingen/** Ist für zeiten eine sondere Grafschafft gewesen/ ligt im Magdeburger Bisthumb.

Anno 1242 hat gelebt Graff Gebhart von Mülingen/ hat helffen Mönchenewenburg verbrennen. Collect. Chro. Monche.

Anno 1318 hat Bischoff Burckhart zů Magdeburg Mülingen gewonnen/ vnd zůstöret. Aber Graff Albrecht von Barbey bawet es wider auff/ mit hilff der statt Magdeburg. Chron. Magdeburg.

Heüt zů tage haben dise herrschafft/ die wolgebornen Herren von Barbey/ die sich denn auch dauon schreiben/ herrn zů Mülingen.

**Northeim/** Ist auch der alten Graffschafften eine.

Anno 1063 war ein Graff zů Northeim hieß Otto/der kriegt das Hertzogthumb Beyern/ als Heinricus Claudus gestorben war. Aber Heinricus der vierde/ hatte es jhm wider genommen/ dieweil ers mit den Sachsen hielt/ ja der Sachsen anstiffter war/ wider den Keyser/ vnnd hats dem Guelffen geschenckt/ darüber Otto so erzürnet/ das er sich machte an das Keyserliche hauß/die Hartesburg/ vnnd die jämerlich mit den Sachsen zů riß/ auch des Keysers junges Sönlin/ so neben dem hauß inn der Kirchen begraben lag/ außgrub vnnd auff dem felde allenthalben die gebeyn zerstrewet. Chro. Saxo. Anno 1103.

Diser Otto ist gestorben Anno 1104/ vnd hat gehabt drei Söne/ vnnd vier töchter.

### Söne

**Cono/ Graff zů Beichlingen**

**Heinrich Crassus/** Diser nam zůr ehe Marckgraff Eckbrechts tochter zů Sachsen Gerdraut/ vnd zeüget mit jr:

**Seiffrid/** | Seiffrid/

**Otto/ der starb in der jugent.**

**Reichnissam/** nam Keyser Lotharius zůr Ehe/ vnnd ist durch sie worden ein Herr an der Weser vnnd Graff zů Northeim. Da er aber Keyser ward/ gab er die herrschafft seinem Tochter manne Heinrico Leonj. Crantz. in Metrol. lib. 5. cap. 32. in Saxo. lib. 4. cap. 44. & lib. 5. cap. 3.

### Töchter

**Die 1. tochter ist Cůnradj von Witen gemaßel gewesen.**

**Die 2. Graff Friderichs von Arnsbrug**

**Die 3. Hermanj de Coluela.**

**Die 4. hat ein Bůbe weg gefürt**

**Gerdraut/** nam den Pfalzgraffen.

Das Wappen ist ein ganzer weisser Küriser Reüther/ auff einem blancken hengst/ inn einem gelben felde/ inn der hand eine rote Fane fůrende.

**Nortringen/** Eine Graffschafft inn Sachsen/ an dem orhte da die Bode inn die Salah fleüst/ hat die Burg Nortringen gelegen/ da jetzt das Kloster Monchenewenburg ligt/ welches Anno 977 dahin gestifftet von Gerone dem Ertzbischoff zů Cöln/ vnnd seinem Brůder Tithmaro/ Marggraffen zů Meyssen vnd Laußnitz.

Anno 937 ist Philipps Graff zů Nortringen mit auff dem Thurnier zů Magdeburg gewesen.

Tithmarus Graff zů Wettin/ hat zůr Ehe genommen/ Willam des Graffen Tochter von Nortringen. Chro. Misnens.

Anno 1039 hat Bischoff Burckhart zů Halberstatt/ dise herrschafft ans Stifft bracht. Metrop. lib. 4. cap. 10.

Olden=

## Stammbůch.

**Oldenburg/** Es seind zwey Oldenburg/ derer gedacht wůrt inn den Sächsischen Historien.

1. Das erste/ hat fürzeiten geheissen Stargart/ nach Wendischer sprache/ vnd das ligt am ende des landes Wagriae. Keyser Otto hat die leüthe des orths zům Christen glauben bracht/ vnnd da ein Bißthumb angericht. Crantz. lib.3.cap.ultimo, in sua Saxonia. hat es auch mit Güttern begabet/ welche denn erzelet Helmoldus im eylfften Bůch / aber es ist hernacher transferiert gehn Lübeck.

2. Das ander Oldenburg ligt bey der statt Bremen an Frießlande. Saxon.lib.9.cap. 40. Vnnd das ist eine alte/ vnnd herrliche Graffschafft/ dauon wir hie reden wöllen. Vnnd sonder zweiffel ist sie der ältesten Herrschafften eine. Denn Albertus Crantz saget inn Metrop.lib.1.cap.30. Das Widekind des herrn inn Sachsen Sön einer/ sol Graff zů Oldenburg gewesen sein/ Daher er auch spricht lib.3.cap.15. Certum est illum Comitatum esse ex omnium uetustissimum.

Anno 1100 hat Hertzog Otto an der Weser/ vnder andern Töchtern eine gehabt/ die hat zůr Ehe genommen Graff Otto von Rappenberg/ hat mit jhr gezeüget eine tochter Heilig/ die hat er vermählet Graffen Eilmaro von Oldenburg/ vnnd mit jhr gezeüget

| Christian/ Graff zů Oldenburg | Otten/ein Propst zů Bremen Saxo. lib. 5. cap. 15. | Heinrichen. |

Des obgenannten Eilmars Vatter hat auch Eilmar geheissen/ vnnd zůr Ehe gehabt Graff Dedonis Tochter in Diethmarschen. Metrop.lib.5.cap.57.

Graff Christians von Oldenburg gemahel hat geheissen Cunegund/ vnd mit jhr gezeüget

| Mauricium. Metorp.lib.6.cap.48. | Christianum. Burckharden/der ist mit zwey hundert man erschlagen. Metrop.lib.7.cap.47. |

F iij

Anno 1164 hat Heinricum den Lewen helffen bekriegen
Graff Christian von Oldenburg Eilmarj son/ vnd hat jhm ein=
genommen/ mit hülffe der Friesen/ die statt Bremen/ welche jn den
gerne auffnahm/ damit sie der grossen beschwerung des Lewens
mochten loß werden. Saxo.lib.6.cap.10.

Hertzog Heinrich hat sich starck gerüst/ vnnd ist für Oldenburg
gezogen/ inn diser belagerung stirbt Graff Christian/ die lands=
knechte inn der belagerung oder besatzung liessen sich nichts mer=
cken/ waren vnuerzaget/ das auch der Lewe müste abzihen. Me-
trop.lib.6.cap.48.

Graff Heinrich hat zur Ehe genommen des Graffen tochter
auff Gellern/ vnd mit jhr gezeüget

| Heinrich/ ist | Gerhart/ | N eine tochter/ die |
| erschlagen | Clericus. | freyet Widekind von |
| worden. Me- | Metro.lib. | Stüpenhausen. |
| trop. lib. 7. | 6. cap. 48. | |
| cap. 47. | | |

Anno 1323 hat Graff Dieterich von Oldenburg der obge-
nannten herrn eines Son gefreyet Graff Gerharts tochter von
Holstein/ vnd mit jhr gezeüget

| Christian/ | Moritz/ diser ist | Gerhart/ Graff |
| König inn | administrator des | zu Oldenburg.lib. |
| Denne- | Stiffts Bremen | 8.cap.26.in Saxo. |
| marck. | worden. Hertzog | |
| | Wilhelm zu Lüneburg | |
| | hat jn bekriegt.lib.9.cap.30. in Metrop. & Saxo. | |

Es hat diser Graff Moritz auch schwere vnnd grosse kriege ge=
fürt wider Graff Gottfriden von Arnsberg/ der wider jhn
zum Bischoff zu Bremen erwöhlet warde/ vnangesehen/ das
Mauricius vom vorigen Bischoff Otten zum Administrator er=
wöhlet war/ vnnd die Heüser des Stiffts albereith jnnen hatt/ a=
ber hat wenig auffgericht. Metrop.lib.9.cap.40.

Cunradus/

## Stambůch. 67

Cůnradus / Graff Christianj son vnnd fratruelis Graffen Mauricij / wie jhn Crantz nennet init prædicto loco, ist mit dem Grassen von Dieſſholt inn zwytracht kommen / der wegen hat jhnen der Graffe von Oldenburg die stat eingenommen. lib.9.cap. 40. in Saxo. vnnd haben sich die Friesen auch auff gemacht / seind inns Stifft Bremen gefallen / vnd Graffen Moritz / Christian / Gerhart / Cůnrad mit 700 manu erlegt. Metrop.lib.10.cap.16. Anno 1374.

Anno 1400 hat gelebt Graff Dieterich von Oldenburg / welcher den Raht zů Bremen hat auffgenommen / als er auß dem gefencknuß / darein die gemeine jhn gesetzt / entrunnen war. Saxo.lib.11. cap.10. Diser Dieterich hat mit seinem gemahel bekommen das Hertzogthumb Holstein. Saxo.lib.8.cap.16.

Anno 1407 hat die statt Bremen abgesagt Graffen Christian / Friderichen / vnnd Moritzen von Oldenburg / wie sie denn zůvor auch gethan hatten / aber die sach ist hingelegt worden.

Anno 1462 ist ein schädlicher krieg entstanden zwischen Graff Moritz / vnnd Gerhart zweyen brüdern von Oldenburg / von wegen der Herrschafft Delmenhorst. Graffen Gerharten hat beygestanden sein bruder Christianus König iñ Dennmarck / ist doch endtlichen vertragen. Saxo.lib.12.cap.1. & Metrop. lib.12.cap.44. Das Moritz solt behalten die Herrschafft Delmenhorst / Gerhart aber Oldenburg / Christianus soll König inn Dennmarck sein / vnnd von disem Christiano kommen die jetzigen Könige in Dennmarck.

Moritz hat einen Son gelassen / mit namen Jacob. Metrop.lib. 12.cap.12. vnd eine tochter / die hat der Bischoff / als er Delmenhorst eingenommen / mit gewalt vom hause treiben lassen. Metrop. lib. 12.cap.12.

Graff Gerhart von Oldenburg hat viel kinder gelassen.

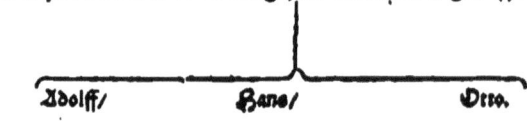

Adolff /     Hans /     Otto.

Metrop.lib.12.cap.23.

J iij

**Pyrmont/** Eine Graffschafft inn Westphalen/ das geschlecht ist abgangen/ die Graffen von Spiegelberg haben sie bekommen/ Nůn aber die auch gestorben seind/ ist die gantze Graffschafft kommen an die Graffen von der Lippe. Vnnd ist der letste Graff alda gewesen Mauricius/ der hat seinen Son lassen nennen Feürberch/ welchs denn nichts anders ist denn Pyrmont/ vnnd ist wol möglich dz dise Graffen auß Welschland oder Franckreich an dise orth kommen seind/ wie denn Albertus Crantz schreibet. Metrop.lib.1.cap.15.

**Peyne/** Eine sonderliche Graffschafft für zeiten im Stifft Hildeßheim gelegen.

Anno 937 ist Graff Erich zů Peyne auff dem Thurnier zů Magdeburg gewesen.

Anno 1193 hat gelebt Graff Ludolph von Peyne/ Heinrich der Lawe hat jhm die Graffschafft genomen/ doch balde wider zůgestellet. Chro.Saxo.

Anno 1260 belegerten das hauß Peyna/ Hertzog Albrecht zů Braunschweig vnd Johañes Bischoff zů Hildeßheim/ also hart/ das sie es nuch gedachten auß zůhüngern/ vnnd weil der Graff sahe das er dem feinde zů schwach war/ vnnd auch keinen Mänlichen Erben hatte/ fordert er den Bischoff zů Hildeßheim zů sich inn ein gespręch/ vnd vbergab jhm heimlich seine Graffschafft/ die nach seinem todte zů haben/ solte derhalben den Hertzogen mit gůten worten von der belagerung abfüren/ das geschah/ der Hertzog ließ sich mit gůten worten vom Bischoff bereden/ aber so bald ers darnach erfůr/ dz der Graffe die herrschafft hatte dem Bischoff vbergeben/ ward er zornig/ vnnd samlete volck/ vnd wolt wider für Peyna rucken. Mitler weile stirbt Bischoff Johannes/ da wölten die stiffts genossen als balde des Hertzogen brůder Ottonem von Braunschweig/ des war der Hertzog wol zůfriden. Aber Peyna wolt er nicht verlassen/ da zeücht der Bischoff zů seinem brůder Albrechten/ bitt jn freündlich/ er wolte doch die herrschafft dem Stiffte lassen/ die zeit seines lebens/ als deñ möcht er sie zů seinen hånden nemen/ dz erlanget er. Aber Bischoff Otto lebte vil lenger dañ sein brůder Albrecht der Hertzog/ da belib also die herrschafft dē Stifft Hildeßheim. Aber mitlerweile haben die Hertzogen von Braunschweig sie dem Stifft wider entzogen/ welche sie deñ noch haben. Chro. Saxo. Crantz in Saxo. lib. 8. cap. 28. & in Metrop. lib. 8. cap. 15.

Plesse/

## Stambůch.

**Plesse/** Eine herrschafft bey Göttingen gelegen/ da denn die Herrn noch heüte zů tage jhren sitz vnnd wohnung haben.

Anno 968 ist Heinrich Herr zů Plesse/ mit auff dem Thurnier so zů Merseburg/von Marggraffen zů Meissen Rittzgo gehalten/ gewesen.

Anno 1431 ist gewesen Gottschalck/ Herr zů Plesse.

Anno 1482 haben gelebt Gottschalck/ Dieterich/ vnnd Moritz herrn zů Plesse.

Sigmund hat zům andern gehabt zůr Ehe/ Agnes võ der Lippe/ vnnd verlassen

Christoff/ des gemahel ist gewesen Margretha/ Gräffin von Gleichen/ Graff Hansen zů Rembda tochter.

**Plotzke/** Eine herrschafft bey Berneburg gelegen/ welche die herrn von Anhalt jetzunder besitzen/ vor zeiten seind die Graffen diser herrschafft inn grossem ansehen gewesen/ also das man sie zů Burggraffen zů Magdeburg gemacht hat.

Anno 1117 seind Burggraffen zů Magdeburg gewesen/ Graff Helffrid vnnd Herman beyde Brüder/ herrn zů Plotzke/ seind des jars gestorben. Chro. Saxo.

Anno 1130 hat gelebt Graff Dieterich von Plotzke/ hat gezeüget drey kinder.

| Cunrad/ ist der letzte Burggraff gewesen/ ist auff dem weg noch Rhom mit einem Pfeyl erschossen worde. Brot. lib. 2. cap. 1. in Geneal. | Heinrich/ one erben. | Eringart/ hat zůr Ehe bekommen/ Marggraffen Vdo/ vnnd jhm zůbracht dise Herrschafft. Aber die Burggraffschafte Magdeburg/ vberkam Graff Burckhart zů |

Querfurt/ der des Ertzbischoffs zů Magdeburg Brůder war.

Metrop. lib. 6. cap. 11. & Magde. Annal.

Hernach

Hernacher als die Familia der Marggraffen auß starb/vnd die Marggraffschafft Albertus Vrsus bekam/hat er die herrschafft Plotzke auch wider bekommen. Derhalben hat sich Heinricus Guelffus/Anno 1139 dafür gemacht/das gewunnen/denn er dem Anhaldischen geschlechte feind war. Chro.Saxo.

Anno 1171 hat Keyser Friderich/Graffen Bernhart/Alberti Vrsi son/die Graffschafft Plotzke wöllen wider nemen. Es ist aber grosser krieg daruon entstanden. Chro.Saxo.

Es ligt auch vber der Elbe/gegen Schoneberg vber/ein Kloster Plotzig genannt/vnd mag gar wol sein das es dise herrn von Plotzke/als sie daselbst Burggraffen gewesen/haben gestifftet.

### Poppenburg/ Eine Graffschafft vor zeitten.

Anno 1320 hat das Stifft Hildesheym dise Herrschafft an sich bracht. Chro.Saxo. hat 1319.

Anno 1264 hat ein Graff von Poppenburg zům Ehelichen gemahel gehabt Frawē Orden/geborne Gräffin võ Hohenbůch/ derer Brůder gewesen Graff Heinrich vnnd Graff Vlrich/vnnd Graff Hoiger Canonicus zů Hildesheim/vnnd jhrer schwester eine Mechtild ist Aptissen zů Gandersheim/ die ander N. Herrn Vlrichs zů Frideburg gemahel gewesen.

Anno 1388 haben die von Schwichelde vnd Steinberge/ Hertzog Bernt zů Braunschweig gefangen/vnd jhn auff die Poppenburg gefüret/alda gehalten/biß er sich mit vil tausent marck silbers lösen müste.

### Querfurt/ Eine alte vnnd lobliche herrschafft/ligt vast am ende des Sachsenlandes nach Mittage / eine gůte meyle vom gesaltzenen sehe.

Ich wil der Herrn geschicht/vnnd Acta nicht erzehlen/inn betrachtung/das M. Cyriacus Spangenberg dauon inn seiner Mansfeldischen Chronica würt weitleüfftig schreiben/sonder alleine eine blosse Genealogiam setzen. Vnnd ist dise.

P1030

# Stambuch.

N.

Prevo hat gelebt Anno 960/ vnnd zum gemahel gehabt Joan

Carl/ hat gelebt Anno 968.

Bruno/ Thumbherz zu Magdeburg/ Darnach ein Benedicter Münch/ ist in Preuſſen von Heiden/ den er das Euangelion geprediget/ getödt Anno 1008.

Gebhart/ Edler Herr zu Querfurt

Wilhelm.

Burckhart/ der Gottselige genant.

Dietrich/ hat viel Kinder gehabt/ vnd Kinder jm gelaſſen/ der namen vnbewuſt.

Acht Junge Gerlün so mit Herrn Burckhart geborn worden/ vnd jm Brauchſtrum vnder Querfurt getauffſt/ derer namen vn bewuſt.

Mathilda/ Hertzog Conrads zu Bernen gemahel/ hat gelebt 1012. vnd iſt geweſen Biſchoff Braunen zu Würzburg müter.

Gerhart/ etliche nennen jn Geßhart/ ſein gemahel Oda von Immenoleben 1131.

Gebhart/ ſein gemahel Hedwig/ Graffen Dieteriches von Arnsberg vnd Weſterland/ nachgelaſſene Witfraw.

Conrad/ Ertzbiſchoffs zu Magdeburg/ An̄o 1134.

Gebhart/ lebt iñ Beſtemen 1116.

Heinrich

Helena

Sophia

Kathariana

Burckhart derer Burg graff zu Magdeburg Anno 1136.

Luder/Lotharius/ hernacher Beßer/ ſein gemahel Richentza Graf ſin zu Northeim

Conrad ein fürſt inn Sachſen/ zog in deß Gelobt land Anno 1147.

Uda/ oder Ida Graff Gebharts von Burghauſen gemahel.

Rixa/ eines Graffen zu Oelßner gemahel

Gerdruc/Graffen Florenz zu Holland/ darnach Graff ſein Kuprechtes zu Flandern gemahel

Philip/ Braun/ N. Barbara

Burckhart/Burggraff zu Magdeburg/ Anno 1187. (ſein gemahel Mechtild/ eines Graffen auß Thüringen/ Lamprechts genannt/ tochter.

Gebhart/ Edler Herr zu Querfurt/ vnnd Ehman. 1199.

B

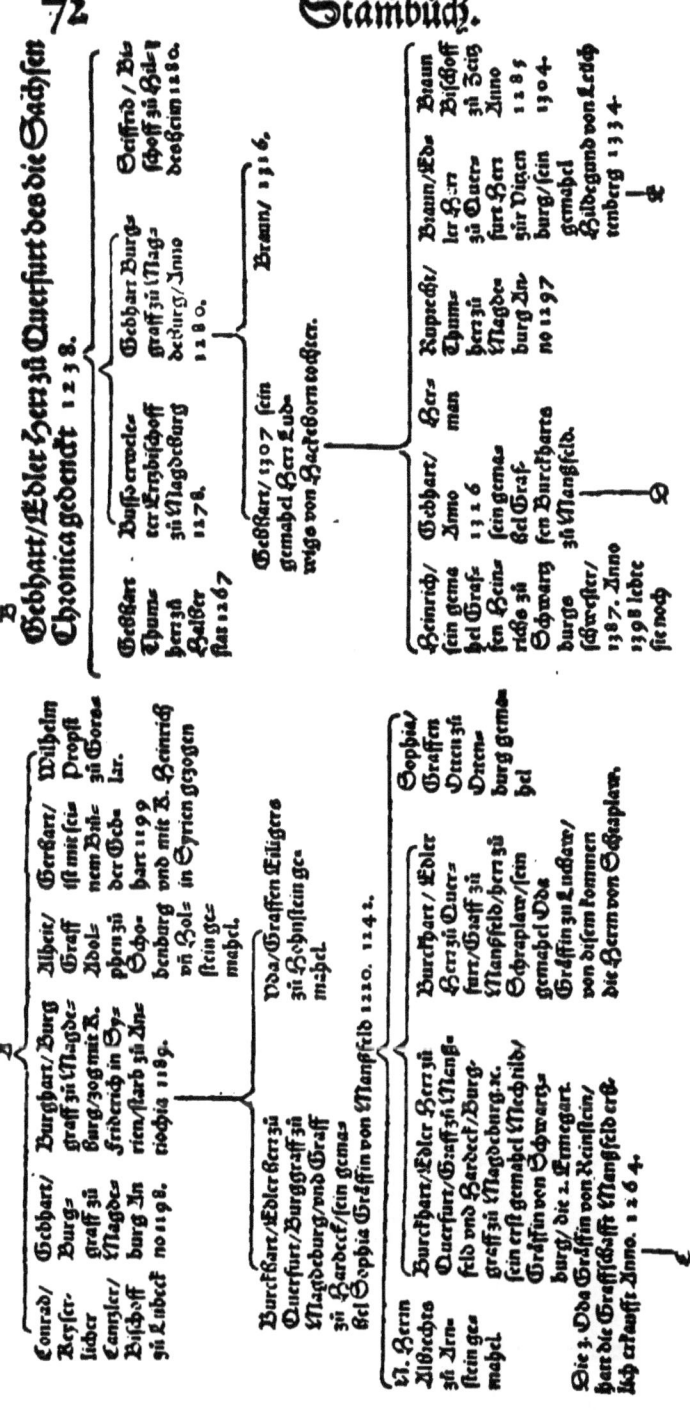

## Stambuch.

**Burckhart, Burggraff zu Magdeburg G. zu Manßfeld, sein gemahel Sophia Gilßin von Wetyn, hat mit seinem Brüder getretlen und ist ein Manßfeld, der ander zu Querfurt bliben. Starb Anno 1311. von jm kommen die jetzige Graffen von Manßfelt.**

- Gebhart, lebte noch 1299.
- Gebhart, Edler Herr zu Querfurt, Burggraff zu Magdeburg, sein gemahel Irmgard Gräffin von Schwartzburg, starb Anno 1297.
  - Burckhart, starb 1291 für seinem Vater.
  - Gebhart, Thumherr zu Magdeburg.
- Sophia Äbtissin zu Gelffere Anno 1291.

**Burckhart, Burggraff zu Magdeburg, sein gemahel Sophia Äbtissin zu Gelffere** (continued branches):

- Bruno Edler Herr zu Querfurt, Herr zu Schmon, sein gemahel Elisabeth 1313. starb 1377.
  - Gebhart, Thumpropst zu Magdeburg, 1323. Braun 1396.
  - Burckhart, Thumherr zu Merßeburg daselbst postulirter, aber nicht confirmirter Bischoff 1384.
  - Volrath Scholasticus zu Magdeburg ward im Hildesheimischen Krieg erschlagen Anno 1367.
  - Gebhart, 1355.
- Hans, Braun 1340. 1379.
- Gebhart, Herr Edler Herr zu Querfurt, sein gemahel Elisabeth 1386.
- Gebhart, sein gemahel Sophia Gräffin von Mansfeld 1362. er starb 1383.
- Gebhart, 1339.
- Burckhart, 1310.

**Burckhart, sein gemahel U. Fürst Sigmunds zu Anhalt Tochter, 1396.**

- Gebhart, sein gemahel Mechtild 1381. 1400.
- Heinrich 1387. 1398. 1394.
- Albrecht, Erzbischoff zu Magdeburg 1403.
- Braun, sein gemahel Elisabeth Gräffin von Hohnstein 1423.
- Hans, 1439.
- Anna, eines Graffen zu Beichlingen gemahel.
- Geb- hart, 1432.
- Busso, 1405. 1438.
- Agnes, Herrn Gebharts zu Sachsen plagemahel.
- Proxo, sein gemahel A. Agnes 1405. 1433.
- Marx, grb Graf, sein Johan zu Barbey gemahel, starb 1391.
- Mechtild, sind bepde Geistlich gewesen zu Franckenhausen.

# Stambuch

| Bruno/sein gemahel Brigitta Gräffin von Stollberg. Er starb 1495. | Katharina/Graff Heinrichs zu Schwartzburg gemahel 1464. 1491. | A. Graff Heinriche zu Stollberg gemahel 1473. | Agnes/ Herrn Wenzel von Biberstein gemahel 1455. 1490. | Barbara/ G. Ernsten zu Mansfeld gemahel starb 1534. |

Brigitta/ geistlich zu Belbra.

Gebhart/ geborn 1494. starb 1495.

Katharina/Posthuma Closterfraw zu Trusl. bck starb 1553.

Auffer diser Genealogia werden auch nachfolgender Herrn zu Querfurt gedacht. Als

Christoff/ Edler Herr zu Querfurt.

Reinhart/ der ist Bischoff zu Merseburg.

Friderich/ vnnd Ernst haben gelebt Anno 1119 sind auff Thurniern gewesen.

Dise kommen etwan von Herrn Dietrich/ oder der andern Herrn zu Querfurt einem her.

Item Luttradis die acht epriffin zu Helffte. 1347.

Mechtildis die zwelfft Apriffin zu Helffte Anno 1383.

| Also auch | Busso/ 1472. | Gerhart/ 1432. | Bern/ 1466. | Vda/ Closterfraw zu Helffte 1479. |

Wes Kinder dise gewesen seind/ würt nicht vermeldet.

Vmb

## Stambůch. 75

Vmb dise letste zeit finde ich.

Johannes/ des alten Herrn Braunen vetter/ Ist Canonicus zů Halberstatt gewesen 1486. 1494.

Agnes/ Graff Sigmunds von Gleichen gemahel 1454. 1484.

Jutta/ Fürsten Sigmunds zů Anhalt gemahel/ vielleicht Herrn Gebhartt vnd Mechtalden tochter/ so gelebt haben 1381 vnd 1400.

Das Querfurtische wappen seind Balcken/ so die Graffen zů Manßfeld inn jhren wappen beneben den Wecken füren.

### Rauensburg/ Oder Rauensberg/ ein alte Graffschafft inn Westphalen / gehört jetzunder inn das Hertzogthumb Berge.

Hertzog Otto in Sachsen hat eine tochter die freyet Graff Herman von Caluela/ vnd hat mit jr gezeüget

Otten/           Heinrichen/
Seind beyde Graffen zů Rauensburg worden.

Crantz. in Saxo.lib.5.cap.15.

Vmbs jar 1180 hats Graff Herman von Rauensburg mit dem Bischoff von Cöln gehalten/ wider Heinricũ Leonem. Saxo. lib.6.cap.39. Diser Herman hat gezeüget

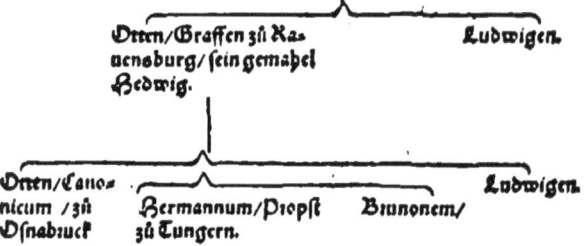

Otten/Graffen zů Rauensburg/ sein gemahel Hedwig.                    Ludwigen.

Otten/Cano-                                         Ludwigen.
nicum /zů      Hermannum/Propst   Brunonem/
Osnabruck      zů Tungern.

Anno 1282 ist diser Graff Ludwig von Rauensburg Bischoff worden zů Osnabruck inn der ordnung der 33. Metrop.lib. 8.cap.51.

Anno 1207 kriegeten zůsamen Graff Simon von Tecklenburg vnnd Graff Herman von Rauensburg/ sie kamen zůsamen auff dem Felde/ da hielten sie eine schlacht mit einander/ inn

G ij

## Stambůch.

dē streit blibe tod Graff Simon vō Tecklenburg/ aber nichts desto weniger gewan sein volck den streit/ vnnd fingen Graff Herman von Rauensburg vnnd seinen Son Ottonem/ Die sich hernacher lösen můsten. Chro. Saxo.

Anno 1401 ist Wilhelmus Hertzog von Berge Bischoff wor den zů Badeborn/ des Bruder ist gewesen Adolphus Graff vnnd herr zů Rauensburg/ hat sein hauß Rauensburg herrn Heinrichē von Ore versetzt/ dem wolte der Bischoff Wilhemus solchs abdringen/ aber es mißlunge jhm/ wurde darüber gefangen. ꝛc. Metro: lib. 11. cap. 10.

Anno 1510 ohngesehr hat Graff Philipps der älter von Waldeck als ein statthalter die herrschafft Rauensburg verwaltē mussen/ sein gemahel ist gewesen Fraw Catharina von Querfurt.

Reinstein/ Dise herrschafft ist noch vorhanden/ vnnd ligt das alte Schloß bey Blanckenburg, da denn die Graffen jetzunder jhr wohnung haben/ vnd auch sich dauon schreiben herrn zů Blanckenburg.

Anno 1180 als Fridericus der Keyser wider Heinricum Leonem zog/ fielen auß forcht zů jhm vil herrn vnnd Graffen/ die es doch allzeit mit dem Hertzogen gehalten hatten/ auch von alters her/ vnder denen auch war der Graff von Regen/ oder Reinstein. Saxo. lib. 6. cap. 41.

Anno 1242 hat Graff Vlrich vō Regenstein helffen Mönche newenburg verbrennen. Ex Collect. Cœnobii.

Anno 1277 ist Graff Vlrich auch mit andern herrn auff den Bischoff vō Magdeburg gezogē/ vñ geschlagē worden. Ann. Mag.

Anno 1349 hat der Bischoff von Halberstat die Graffen vō Regenstein bekriegt, da ist grosser schade auff beiden teilē auß erfolget/ wie es pflegt vnder feinden zůzůgehn. Die Graffen sterckten sich mit grosser gewalt/ vnnd fielen des nachts zů Halberstat/ da man die Christmette sang/ ein/ vnnd erwůrgeten wer sich gegen sie zůr wehr stalte/ vnd namen herauß vñ fůrten dauon/ wen sie begerten. Den Bischoff verdroß solcher hohn vnnd schmach auch der schaden auß der massen sehr/ Nůn hatte der Bischoff einen Hauptman vnnd gůtten Kriegsman/ welchem der Graff getrawet/ wa er jhn ankeme/ wolt er jhn an einen Baum hencken/ vnd er jhm geantwortet hatte. Quid si legem patiaris ipse, quam tulisti?

Der

## Stambůch.

77

Der sagte dem Bischoff zů/ allen müglichen fleiß für zů wenden damit solche schmach möchte gerochen werden. Es verlaufft nicht ein gantz jar/da stossen beide theil auff einander/der Graff vnnd Hauptman/ vnnd sprechen einer den andern an auff gůt hoffrecht/ Aber der Graffe würt gefangen/ vnnd also balde süchte der Hauptman einen Baum/ daran er den Graffen hencken mochte/ aber kund keinen finden. Da ersticht er den Graffen/ vnnd steckt inn die Erden einen Spieß/ daran bunde er den Graffen/ vnnd zog darvon. Crantz.lib.9.cap.18.Saxo.

Anno 1381 hat gelebt Graff Busso von Regenstein. Saxo. lib. 0.cap. 6.

Diser Busso hat auch Graff Dieterich von Wernigeroda angeklagt/ darauff ist er von den andern Sächsischen Herrn zům strang verurteilet worden. cap.7. vide Vuernigrodenses.

Anno 1417 Ist Graff Bernhart von Regenstein/ mit Fürsten Bernhart von Anhalt/ des Stiffts Merseburg feind gewesen/ wie es jhm aber gangen/ besih der Merseburger Chronica Ernesti Brotauffs lib.2.cap.49. Es sol auch diser Graff Bernhart mit dem Marggraffen zů Meissen auff dem Concilio zů Costnitz gewesen sein.

Auß den Historien hin vnnd wider/ finde ich die Graffen von Reinstein fast also nach einander folgen.

Heinrich Graff zů Reinstein hat gelebt Anno 1190 item 1200 vnd gelassen

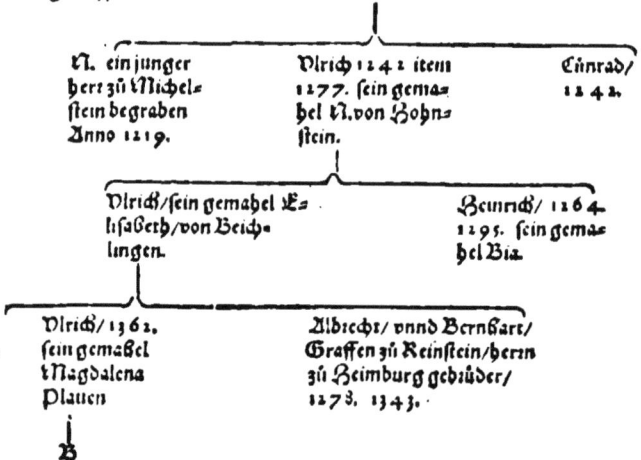

G iij

# Stammbuch.

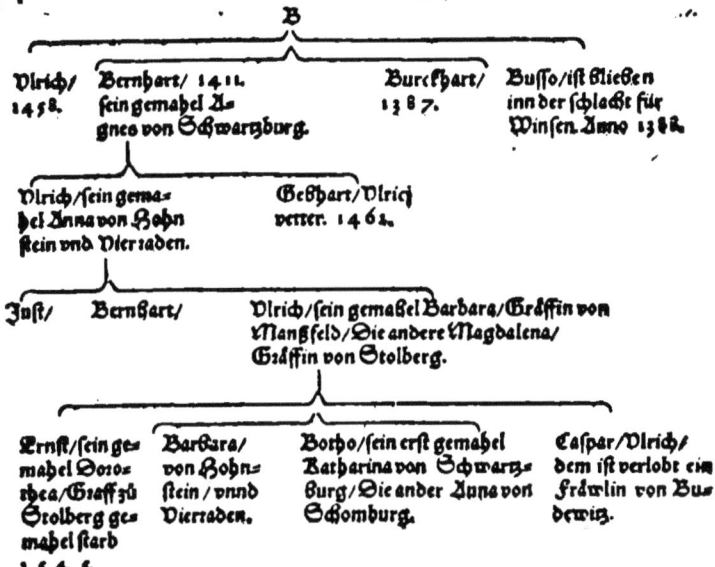

Diser Herrn mütter Fraw Magdalena geborn von Stolberg/ ist Anno 1546. als das Schloß Blanckenburg abgebrunnen am tage Elisabethe/ jämmerlich/ als sie mit zweien Zwillingen hoch schwanger vnd der geburt gar nahe gewesen/ verbrunnen.

Der Herrn zů Reinstein wappen seind Hirschhörner.

**Retberg/** Eine Graffschafft inn Westphalen an die Graffschafft von der Lippe stossend.

Anno 1265 ist Bischoff zů Osnabruck worden Graff Cůnrad von Retberg inn der ordnung der 32. Metrop. lib. 8. cap. 28.

Anno 1274 ist Bischoff zů Badeborn worden Graff Otto von Retberg/ hat inn die dreissig jar regiret/ ist ein rechter kriegsman gewesen/ derwegen im Bisthumb groß vnruhe angericht. Metrop. lib. 8. cap. 32.

Anno 1282 ist Graff Tithmarus von Retberg mit vielen an dern herrn/ für Graff Simon von der Lippe bürg worde/ dem Bischoff zů Osnabruck/ der jn in̄ die sechß jar gefangen gehalten hatte. Metrop. lib. 8. cap. 52.

Anno

## Stambůch.

Anno 1330 vngefåhrlich ist Graff Otto von Retberg Bischoff zů Münster worden. Metrop.lib.9.cap.11.

Anno 1470 ist Bischoff zů Minden worden Graff Otto võ Retberg. lib.11.cap.31.

Anno 1385 ist Graff Otto von Retberg mit im Westphälischen bunde gewesen.

Margretha von Retberg ist Hertzog Friderichs zů Braunschweig (welcher Hertzog Wilhelms jetzigen hertzog Erichs groß vatters brůder war) ander gemahel gewesen.

Anno 1500 hat sich ein böser vnnd schådlicher krieg erhaben zwischen der stat Hildesheim vnd jrem Bischoff/võ wegen etlicher gerechtigkeit/die der Bischoff mehr/denn seine vorfahrn gehabt/ haben wolte. Der stat fielen bey andere Såchsische stette / denn sie gedachten es möchte solch exempel einreissen/vnnd sie dermal eins auch betreffen/Dem Bischoff aber zog zů der Hertzog võ Braunschweig Heinricus hertzog Wilhelms son. Nun hatten die stette den Graffen von Retberg vmb den sold angenommen zům Obersten/den vmbringet der Hertzog mit seinem volcke im felde/vñ nimbt sie alle gefangen. Metrop.lib.11.cap.17 & in Saxo.lib.11.cap.36.

Vmb die selbige zeit ist Bischoff worden zů Osnabruck Graff Cůnrad von Retberg. Crantz lobt jhn sehr lib.12.cap.11.

Reuenung/ eine herrschafft vor zeiten gelegen am gesaltzenen sehe inn der herrschafft Manßfeld/ heüt zů tage heißt der orth Reblingen.

Als Nortbertus Ertzbischoff zů Magdeburg war/welcher den Titel des Primats inn Germanien dem Bisthumb vom Keyser Lothario erlangete/hat gelebt Graff Otto von Reuenung/bey dẽ hat obgenannter Bischoff angehalten/vnd erlanget/das er stifftet das Kloster die Gotts gnad bey Calbe. Anno 1127. Annales Mag

Der letzte Graff zů Reuenung sol das Kloster zům Newenwerck für Halle gestifftet haben. Anno 1250.

M. Cyriacus Spangenberg würt sonder zweiffel hieuon auch weittern bericht thůn inn seiner Chronica.

Also aber mügen sie nach einander gefolget sein.

G iiij

## Stambůch.

Heſſo Graff zů Reuenung.

Friderich.

Herman. 1.

Herman. 2. ward vom Keyſer Lothario von allem ſo er hatte/geiagt ſeiner Tyrannei halben.

**Ringelheim/** Iſt auch der älteſten Graffſchafften eine/ wie Crantz ſagt in Metrop.lib.3.cap.15. zwiſchen Goslar vnnd Bockelheim an der Innerſte gelegen/ vnnd haben die erſten Graffen daſelbſt ihre ankunfft/ von dem groſſen Könige Wedekind her.

Dieterich Graff zů Ringelheim/ vmbs iar 650 hat eine tochter gehabt Hildegart genannt.

Wigbertus/ gebomer Graff von Ringelheim iſt Biſchoff zů Verden geweſen Anno 809. Crantz.lib.1.Metrop.30.

Irmengard Gräffin zů Ringelheim/ iſt Keyſers Ludouici gemahel geweſen.

Dieterich/ Graff zů Ringelheim hat gelebt Anno 930. ſeine Kinder ſeind

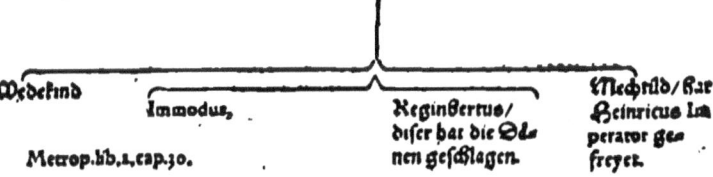

| Wedekind | Immodus, | Reginbertus/ diſer hat die Slauen geſchlagen. | Mechtild/ hat Heinricus Imperator gefreyet. |
| --- | --- | --- | --- |
| Metrop.lib.1.cap.30. | | | |

Als nun diſe Söne Dieterichs alle ohne Erben abgiengen/ hat Mechtild ihre ſchweſter/ auß ihrem Vätterlichen Schloſſe ein Kloſter geſtifftet/ welches der 44 Biſchoff zů Hildesheim/ als es gar nahe verfallen war/ widerumb auffgerichtet/ vnd reichlich begnadet. Bruſ. in Epiſ.

So iſt nun die Mechtild eine Mutter Ottonis des groſſen/ iſt ein hertzlich/ Adelich/ vnd Chriſtlich Weyb geweſen/ hat 6. Klöſter geſtifftet.    Das

1. Zů Nothauſen/ zů S. Euſtachij Anno 937.

2. Zů

# Stambůch. 81

2. Zů Quedelenburg Anno 934/ da denn auff dem Schloß inn der Capellen Keyser Heinrich ihr gemahel begraben ligt.

3. Zů Ringelheim ein Junckfraw Kloster Anno 932.

4. Zwey Klöster hat sie zů Pöle/das auff dem Eyffelde ligt/ge
5. stifftet. Anno 933.

6. Zů Engen inn Westphalen/ hat sie eine Canonei auffgerich= tet/als der Thum so von Wedekindo da gebawt war/ wurde gen Vallersloben transferiert von Heinrico dem Keyser.

**Schawenburg/** Eine reiche gewaltige herrschafft/ das Schloß ligt auff einem hohen berge/ nicht weit von der schö= nen stat Kindelen an der Weser/ vnnd hat den namen das es sich weit left schawen/oder sehen.

Anno 1030 hat Keyser Cunradus der II. auff dem Reichstage zů Minden Adolphum vō Salingsleue einen Edlen Ritter zům Graffen auff Schawenburg gemacht/ von wegen der trewen dienst/so er dem Keyser geleistet.

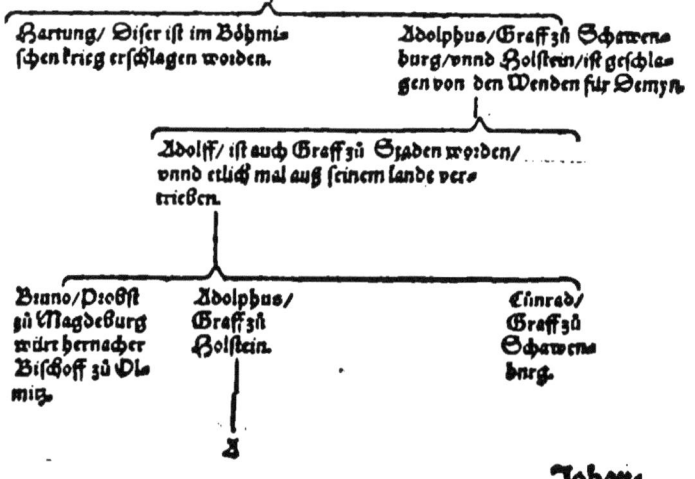

Adolphus.

Adolphus/ Diser ist zům Graffen inn Holstein/vñ Stormarn/ gemacht von Keyser Lothario Anno 1115/ als Gottfrid von den Wenden schändlich erschlagen ward.

Hartung/ Diser ist im Böhmi= schen krieg erschlagen worden.

Adolphus/Graff zů Schawen= burg/vnnd Holstein/ist geschla= gen von den Wenden für Demyn.

Adolff/ ist auch Graff zů Staden worden/ vnnd etlich mal auß seinem lande ver= trieben.

Bruno/Probst zů Magdeburg würt hernacher Bischoff zů Ol= mitz.

Adolphus/ Graff zů Holstein.

Cunrad/ Graff zů Schawen= burg.

Johan=

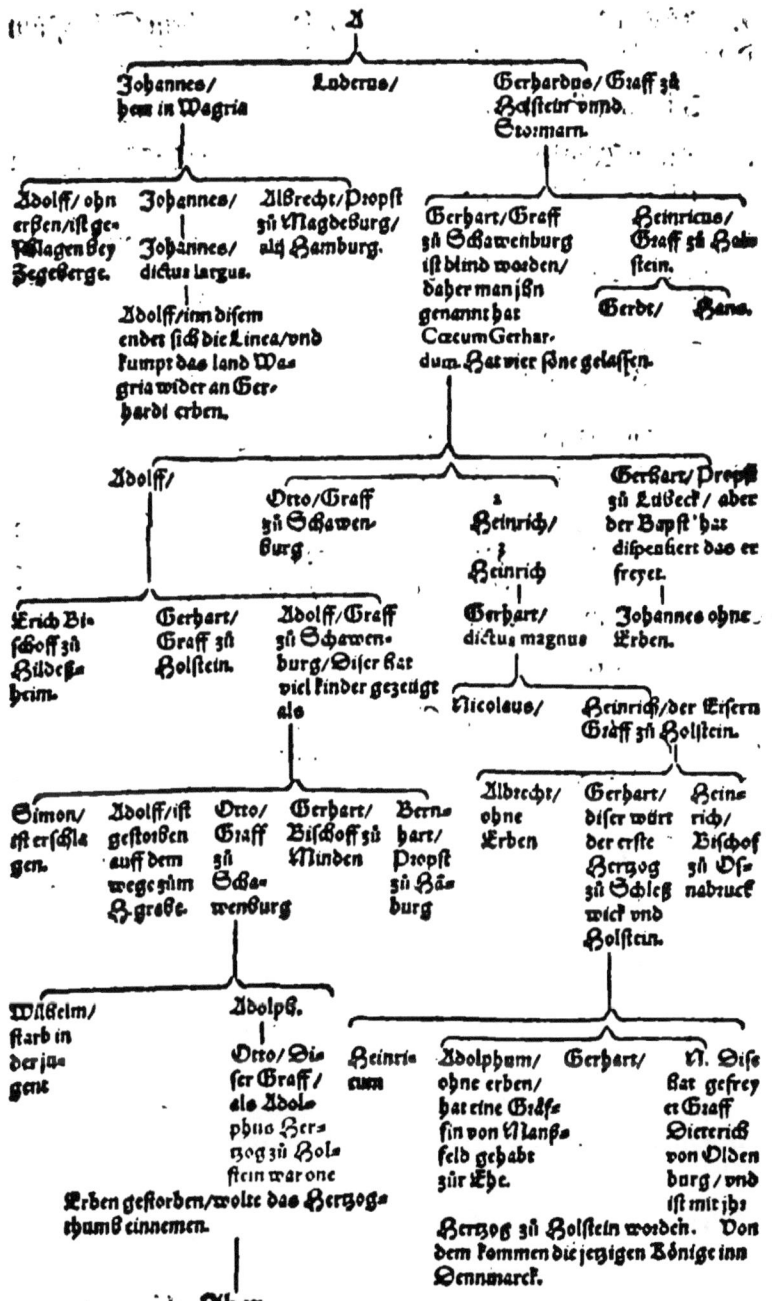

## Stambůch.

Aber Graff Dieterichs son von Oldenburg/ Christianus/ nůn erwöhlter König zů Dennmarck/ legete jn mit gelt ab/ vnnd nam das Hertzogthumb zů sich/ welches sie denn noch haben. Dises Ottonis kinder seind

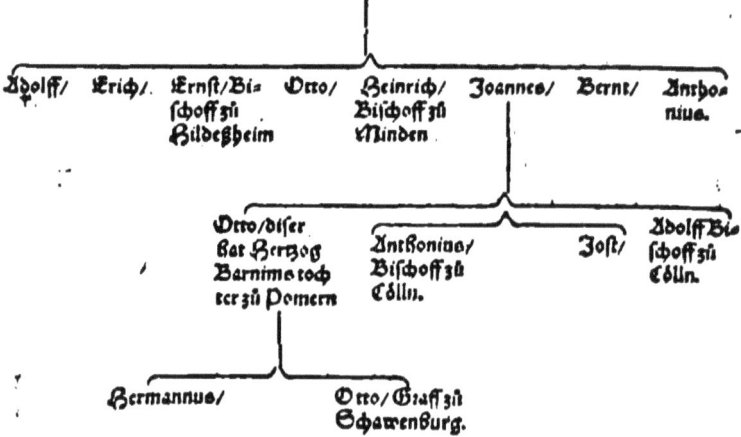

Dise Genealogiam der herrn vō Schawenburg/ hab ich gezogē auffs allerfleissigste/ auß Alberto Crantzio/ sonderlich lib.8.cap.16. Saxo. Darnacher auff Munstero/ vnnd Johan Petersen/ darinnen man denn auch jhre geschicht vnd thaten lesen mag.

**Sladem/** Eine Graffschafft/ ligt im Stifft Hildesheim.

Anno 1231 hat gelebt Graff Ludolph von Sladem/ ist gewest erstlich der 13 Apt zů Ilenburg/ darnach der 13 Bischoff zů Halberstatt. Metrop.lib.7.cap.46.

Anno 1242 ist Heinrich von Sladem mit im einfall zů Můnchenewenburg gewesen.

Anno 1259 ist Ludolph von Sladem/ gar ein junger herr/ Bischoff worden zů Halberstatt/ hat kaum zwey jar regiert. lib.8. cap.22.

Anno 1345 Heinrich ein Hertzog vō Braunschweig δ 35 Bischoff zů Hildes-

zů Hildeßheim hat dise Graffschafft ans Stifft bracht / sampt dẽ hauß Sladem. Chro. Saxo.

Anno 1471 hat dise Burg Sladem innen gehabt Clauenbarth von Velchem / dem ist sie abgewonnen. Chro. Saxo.

Das wappen ist ein Lew mit einer kronen.

Schrapla / Eine herrschafft nicht weit von Eißleben der statt gelegen / Die Graffen von Mansfeld haben sie jetzunder.

Anno 1206 hat sie Bischoff Ludolff zů Magdeburg zům Stifft kaufft / sampt dem hauße Bornstett. Chro. Saxo.

Anno 1368 hat sie Bischoff Albrecht von Sternberg widerumb versetzt für 1000 schock gülden den herrn von Schrapla. Chro. Saxo.

Dann es seind mitler weil noch / ißier Graffen von Schrapla gewesen / wie denn Anno 1316 / zwen herrn von Schrapla seind Bischoffe worden / einer Gerhardus zů Merseburg / der ander Burckhardus zů Magdeburg / dem zwar sein Bißthumb vbel ist bekommen. Dann er mit einem Rigel / so man die zwerch für die thür leget / wie der Magdeburger Annales sagen / oder mit Keülen / wie Crantz sagt inn Metrop. lib. 9 cap. 4. ist zů tod geschlagen / von den Burgern des Stiffts / von wegen / das er jhnen etliche Freyheiten / solt haben entzogen / vnnd ist diser mordt geschehen Anno 1324 / ist wol ein gantz jar verborgen gehalten worden / aber doch entlichen auffkommen. Metrop. lib. 9. cap. 4.

Wil alhier abermal den frommen leser vertröst haben / auff M. Cyriaci Spangenbergs Chronica.

Schwalenberg / Vorzeiten eine sonderliche herrschafft inn Westphalen.

Anno 1180 hat gelebt Graff Wedekindus von Schwalenberg hat bey dem Bischoff von Cöln gestanden / wider Heinricum den Lewen / als sie der Landtschafft halben mit einander kriegten / in Saxo. lib 6. cap. 39. Es ist auch diser Wedekindus mit Keyser Friderich Barbarossa Anno 1189 inns Gelobde land gezogen / vnnd seine Landschafft dem Bischoff zů Badeborn Seiffrido befohlen. Metrop. lib. 7. cap. 23.

Als Graff Friderich von Jsenberg dẽ Bischoff zů Cölln Engelbertum

bertum hat schändlichen ermordet/wurde der Graff von Schwalenberg auch berüchtiget/ als hette er es mit obgenanntem Grafen gehalten/ vnd jhm beystand geleistet/ aber er hat sich noch entschuldiget. Metrop.lib.7.cap.43.

Anno 1277 ist Graff Günther von Schwalenberg zům Bischoff zů Magdeburg erwelet/ aber er bliebe nur ein jar daran/ den es gefiel jhm nicht die grosse zwietracht im Bisthumb. Metrop. lib.8. cap.36.

Ist hernach zům Bischoff zů Badeborn auch erfordert/ aber da sie inn der wahl auch nit eins waren/ hat er es auch verlassen. cap.47.

Anno 1321 hat Graff Günther von Schwalenberge neben andern herrn der Römischen kirchen gehuldet. Metrop. lib.9.cap.4.

Heüt zů tage haben dise herrschafft die Graffen von der Lippa/ vñ füren auch das wappen daruon/ derhalben etliche beyde Graffschafften für eine halten.

Seeburg/ Vor zeiten eine herrschafft/ das Schloß ligt an der see vnder Eißleben/ vnd ist noch ein fein ampt/ den herren von Manßfeld zůstendig.

Es soll dise herrschafft jhren anfang bekommen haben/ vnd das hauß auch gebawet sein zůr zeit Cůradi des III. vnd Friderici des I. die denn Schwaben gewesen seind. Denn als sie hie inn Sachsen viel zůthůn hattē/ brachten sie einen grossen herrn mit auß Beyern Gero genannt/ dem gaben sie den orth des landes/ vnd machten jn zům Graffen/ vnd herrn zů Seeburg. Er hat auch Beyernewenburg gebawet/ hat zůr Ehe gehabt Mechtild/ Marggraff Cůnradi schwester zů Meissen/ der den Petersberg stifftet.

Auß disen ältern ist geborn Weichmannus/ welchen Friderich 8 Keyser zům Ertzbischoff zů Magdeburg machte/ vnnd weil diser Weichman der einige Erbe war seiner ältern/ brachte er auch alle güter inn das Stifft zů Magdeburg.

Er gab auch Keyser Friderichen für das hauß vñ ampt Freckleben seines vatters hauß Schonburg genannt/ darauffen im lande gelegen. Anno 1193. Annales Magde.

**Solms/** Eine Graffschafft inn Westphalen/ vnnd seind die Graffen auch herrn zu Ottenstein gewesen.

Anno 937 ist Graff Wilhelm von Solms mit auff dem Thurnier zu Magdeburg gewesen.

Der Bischoff zu Münster hat die Graffen von Solms auß der herrschafft getrieben/ vnnd das schloß Ottenstein gantz zurissen. Anno 1407. in Saxo.lib.10.cap.15.

Graff Heinrich von Solms hat vil bey dẽ Keyser Sigismundo angehalten/ das er mochte widerumb zu seinen güttern komen/ welches er wol erlanget/ aber der auffbawung des hauses Ottenstein kund er nicht widerumb gewert werden. Derwegen hat er seine güter dem Graffen zu Benthem zur mitgifft seiner tochter gebẽ/ vnd ist auß dem lande Westphalen an den Meyn gezogen. Hamel. in descript.Vuestph.

Brussius schreibet inn seiner Epitome von den Bischoffen/ das Anno 1285 soll Graff Arnold von Solms der 19 Bischoff zu Bamberg worden sein.

Anno 1390 hat Graff Diethart von Solms vil zwiespalt mit der stat Wetzflar gehabt.

Anno 1487 haben gelebt Otto/ Bernhart/ Philipp/ Graffen zu Solms/ seind auch alle drey auff dem Thurnier zu Wormbs gewesen.

Cuno/ Graff zu Solms vnnd herr zu Müntzenberg.

Philipp/ sein gemahel Hadriana Graffen Philipps zu Hanaw tochter/ beylager ist gewesen Anno 1489.

| Wal-burg/ gedorn 1490. | Rein-hart/ 1491. sein gemahel eine Gräfin von Salm. | Doro-thea/ Graf-fen Ernsten zu Mangs-feld gemahel.1493. | An-na/ 1494 | Eli-sa-beth/ 1495. | Otto/ 1496. | Cü-no/ 1497. | Vrsu-la/ 1498. | Jo-an-nes/ 1499. | Apol-lonia/ 1502. | Ma-ria 1504 | Ka-tha-rina 1507. |

# Stammbůch. 87

Ernst/ sein ge-      Berhart/      Susanna.      Ursula/ Graff    Anseley/ Graff
mahel N. Graf       Thumbers                     Ulrichs zů       N. zů Fürsten-
sin von Solms       zů Cöln.                     Montfort ge-     berg gemahel.
auff Braunfels/                                  mahel.
Graff Philipps tochter.

**Soltau/** Sol vor zeiten auch eine herrschafft gewesen sein/ Herman Billingi Son/ welchen der Keyser Otto zů einem Hertzogen zů Sachsen machte/ ist nicht weit dauon bürtig gewesen/ sagt Chron.Saxo. Anno 968.

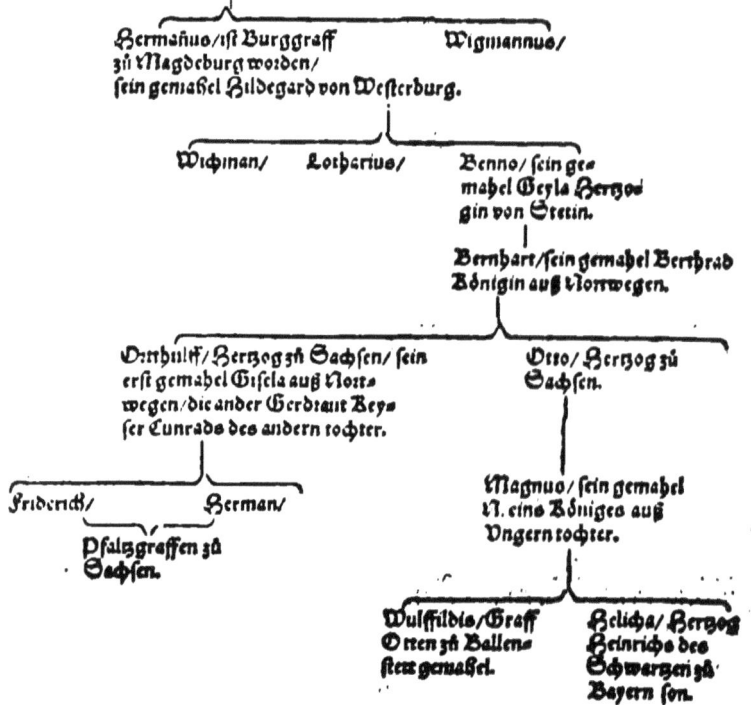

Willicke alias Billing de Stubeckeshorn.

Hermannus/ ist Burggraff zů Magdeburg worden/ sein gemahel Hildegard von Westerburg.    Wigmannus/

Wichman/   Lotharius/   Benno/ sein ge-
                        mahel Geyla Hertzo-
                        gin von Stetin.

                        Bernhart/ sein gemahel Berthrad
                        Königin auß Norwegen.

Orthulff/ Hertzog zů Sachsen/ sein      Otto/ Hertzog zů
erst gemahel Gisela auß Nor-            Sachsen.
wegen/ die ander Gerdraut Key-
ser Cunrads des andern tochter.

                                        Magnus/ sein gemahel
                                        N. eines Königes auß
                                        Ungern tochter.

Friderich/    Herman/
Pfaltzgraffen zů
Sachsen.

                                        Wulfsildis/ Graff    Helicha/ Hertzog
                                        Otten zů Ballen-     Heinrichs des
                                        stett gemahel.       Schwartzen zů
                                                             Bayern son.

Also ist diser stamm abgestorben/ vnnd die Welphen succedirt.

**Sommerseburg/** Eine Graffschafft im Stifft Magdeburg/ vnnd nicht der geringsten eine/ denn die herrn offt Pfaltzgraffen genannt werden.

h ij

Erkenbaldus / Graff zů Sommersenburg/ Ertzbischoff zů Mentz. Anno 1020.

Anno 1024 hat gelebet Berwald / ein erleüchter herr/ ist Bischoff zů Hildeßheim worden / inn der ordenung der 13/ hat wol hauß gehalten/ vnnd in die dreissig jar regiert. S. Benno der hernacher Bischoff zů Meissen worden ist/ hat jhm inn seiner jugendt ein Epitaphium gemacht / also lautende.

Hac tumuli fossa clauduntur Præsulis ossa
   Bernuualdi miri, magnificiq́ue uiri.
Qui propter stemma radians uelut inclyta gemma
   Magna fuit patriæ gloria laus q́ue suæ.
Nam fuit Ecclesiæ condignus Episcopus ille
   Quem DEVS Emanuel diligit & Micael:
Tandem bissenis undeno mense calendis
   Felix hanc uitam mutat in angelicam.

### Das ist.

Hie liegen Bischoff Bernwalds bein
   Welches leben war edel vnnd rein.
Gewest ein Ehr seim Vatterland
   All Erbarkeit mann bey jhm fand.
Darumb liebt jhn Gott Emanuel
   Des Teüffels herr / vnnd Michael.
Als er verbracht sein lebens zeit/
   Verschied er wol on alles leidt.    BruL.in epitome de Episco-

Anno 1164 ist Pfaltzgraff Albrecht von der Sommerseburg mit andern herrn auff Heinricum den Lewen gezogen. Saxo.lib.6.cap.10.

Anno 1172 wie Crätz schreibt lib.6.cap.27.in sua Saxo ist Pfaltzgraff Albrecht zů Sommerseburg gestorben. Als er nůn keinen mänlichen Erben hinder sich verlassen/ hat seine schwester Adelheit Eptissin zů Quedelenburg/ dise herrschafft zů jhren händen genommen/ vnd Bischoff Weichman zů Magdeburg verkaufft/ Das wolt Heinricus Leo nicht gestehen/ derwegen wurde eine grosse fehde darauß/ also das Leo für die Burg zog/ vnnd sie zerriß. Aber als von Keyser Friderico Leonis güter wurden den Fürsten inn die Rappause geworffen/ ist dise herrschafft dem Stifft beliben/ vnnd hat Bischoff Ludolph der feiste/ die Burg wider auff bawen lassen. Chron.Saxo.& Crantz.in prædicto loco.

Das Wappen seind zehen balcken die zwerg geleget im Schilte.

### Spiegelberg/ Eine Graffschafft inn Westphalen.

Anno 996 ist Wernher Graff zů Spiegelberg/auff dem Thurnier zů Braunschweig gewesen.

Anno 1434 haben Hertzog Otto vnnd Friderich von Lüneburg/ Heinrich vnnd Wilhelm von Braunschweig/ vnd Hertzog Otto an den Leyna/ den Graffen von Spiegelberg mit krieg angegriffen/ darumb das er für einen offentlichen Strassenreüber von jedermenniglichen gehalten ward/ vnnd ob nun gleich der Graffe hülffe hatte von Fürsten vnd Herrn/ ist er doch endlichen für der stat Rentelen/ da er sie stürmet/ mit einem Pfeyl getroffen/ das er sterben müste. lib. ii. cap. 14. Saxo.

Bischoff Wilhelm zů Badeborn/ hat die Graffen zů Spiegelberg auch geschlagen. Metrop. lib. ii. cap. 16.

Item es ist erschlagen der Graff von Spiegelberg im kriege für Gründe/ den die Staffts genossen von Hildesheim fürten wider Hertzog Wilhelm von Braunschweig. Metrop. lib. ii. cap. 17.

Philippus ist der letste Graff gewesen/ hat eine schwester hinds sich verlassen Ursula/ die hat gefreyet Graff Herman Simon von der Lippe/ vnnd ist durch sie ein herr zů Spiegelberg vnnd Pyrmont worden.

### Staden/ Eine alte stat in Sachsen/ am arme des Meers

gelegen/ ist vor zeiten eine Graffschafft gewesen/ Keyser Carolus der gros/ hat sie der Kirchen zů Bremen vndergeben. Aber weil sie die Kirche daselbst nicht hat für den wüsten Wenden verthädigen können/ haben die herrn von Sachsen sie zů jhren händen genommen/ damit die Elbe daselbst für den Wenden verschlossen würde/ biß Henricus Auceps der Sachse ist Keyser worden Da hat er einen Kriegs hauptman dahin gesetzt/ Johannes genannt/ vnnd jhn zům Graffen zů Staden vnnd Hertzfeld gemacht/ sein Son ist

Heinrich der kale.

Heinrich ist erst ein Thumherr gewesen / aber da seine Brüder alle sturben / müste er ein Weyb nemen / vnd hat gezeügt

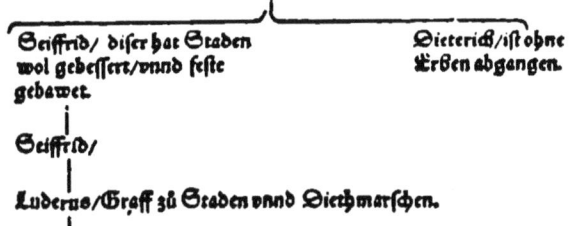

Ludcrus / Graff zů Staden vnnd Diethmarschen.

Vdo Marggraff / vnnd hat die herrschafft Staden von der Kirchen zů Bremen inn die lehen genommen.

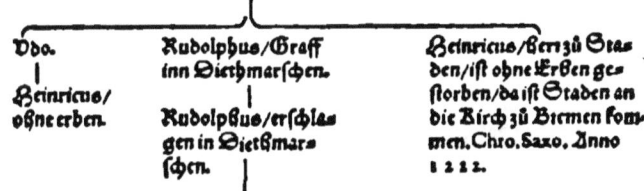

Hartwich / Propst zů Bremen der hat seine Herrschafft der Kirchen zů Bremen geschenckt / vnnd dafür die Herrschafft Staden bekommen / Aber nach seinem tode ist sie der Kirchen zů Bremen beliben.

Dise Genealogiam hab ich auß Alberto Crantzio gezogen / auß seiner Saxonia lib. 6. cap. 5. vnnd 6. Aber Johan Petersen in seiner Holsteinischen Chronica erzelt die namen ein wenig anders / wie drobē zů sehen ist / inn der Graffschafft Diethmarschen / vnd wie es disen herren ergangen ist / was sie auch für thaten gethan / kan man auch nach aller lenge inn beyden scribenten lesen.

Stenfort / Eine sondere Graffschafft vor zeiten / gelegen im Stifft Münster / an der Vechte.

Anno 996 ist Graff Reinhart von Stenfort auff dem Thurnier zů Braunschweig gewesen.

Anno 1280 ist Graff Balduinus von Stenfort bürge worden / neben andern vilen herrn für Graff Simon von der Lippe / welchen der Bischoff zů Osnabruck / Ludouicus gefangen hatte.

Metrop. lib. 8. cap. 52.

Anno

## Stambůch.

Anno 1346 ist Graff Balduinus von Stenfort Bischoff gewesen zů Paderborn. Metrop. lib. 9. cap. 16.

Auch hat Graff Balduinus von Stenfort seine herrschafft vō Bischoff zů Osnabruck inn die Lehen genommen. Metrop. lib. 10. cap. 31.

Anno 1385 ist Graff Balduinus von Stenfort/ mit im Westphalischen bunde gewesen.

Anno 1394 hat der Balduinus/ Bischoff Otten zů Münster gefangen vnd vbel gehalten/ Darüber Bischoff Johan von Osnabruck/ beneben dem Graffen von der Hoie vnnd Lippe/ für Stenfort gezogen vnd den Bischoff wider loß gemacht.

Jetzunder haben die Graffen von Benthem das hauß Stenfort.

### Sternberg/ Eine Graffschafft inn Westphalen.

Anno 1367 ist Graff Cůnradus vom Sternberge Ertzbischoff zů Magdeburg worden. Metrop. lib. 8. cap. 33.

Auch ist Graff Simon vom Sternberge Bischoff zů Paderborn worden. Metrop. lib. 10. cap. 22.

### Stolberg/ Eine Graffschafft im Hartze/ ist noch heüt zů tage vorhanden.

Anno 530 sol die Graffschafft Stolberg angefangen habē/ wie die Thüringische Chronica vermeldet. Ob nůn wol George Ritener von der zeit an/ eine lange Genealogiam gestellet/ befindet sich doch/ das es keinen grund hat/ vnd derwegen darauff nicht zů bawen/ sonderlich weil er etliche Bischoffe erzelet/ die man inn der Stiffte Register nicht findet/ auch etliche ordens Personen weit ehe setzet/ deñ dieselben Orden angefangen/ wöllen derwegen derer Graffen zů Stolberg namē/ so in warhafften Historien vnd brieff lichen vrkunden biß her befunden/ nach einander setzen.

Ludwig/ Graff vnd herr zů Stolberg. Anno 1200.

Ludwig/ der Jünger. 1230.

Heinrich/ ist Anno 1222. In Vngern. Anno 1227 in Syrien mit Landgraff Ludwigē gewesen.

h iij

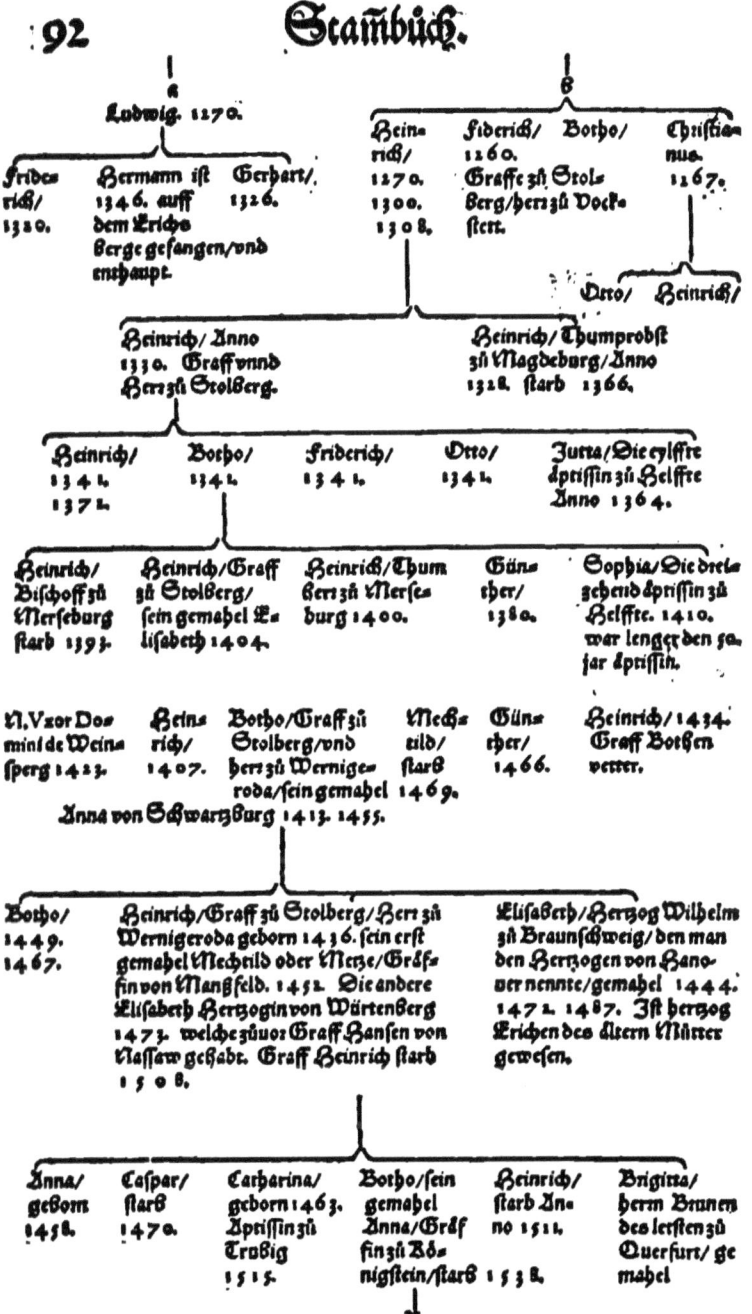

## Stammbuch

|  |  |  |  |  |  |  |  |  |  |  |
|---|---|---|---|---|---|---|---|---|---|---|
| Wolff=gang/ gebom 1501. sein erst ge= mahel Dorothea Gräffin von Rein= stein 1541. Die 2. N. N. Er starb 1552. | Bo= tho. | An= na. | Lud= wig/ sein gema hel Wal= purg Gräf fin von Wedn 1528. | Julia= na/ Graf gema fen Phi= lips zu Ba= naw | Ma= ria/ Graf fen Eh nen des Ed= rad zu We= sterburg gemahel 1523. darnach Graff Wilhelmen zu Nassaw. 1531. | Hein= rich/ Thum= probst zu Cöln/ sein gemahel N. Gräffin von Gleich. | Phi= lip. | Mag= dalena Bar= Graf Ulrichs zu Rein= stein gemahel 1529. | Eber= hart/ starb 1526 | Katha= rina/ Graf fen Al= brechts zu Bennens berg gemahel. 1537. | Al= brecht Geor ge. Al= brechts zu | Chri= stoff/ Thum probst zu Halberstat |

Ir Wappen ist ein gantzer Hirsch mit seinem geweyde.

**Stormar/** Eine herrschafft inn Nortalbingia/ hat dē namen von dem Wasser die Stor/ so durchs land zu Holstein fleüst/ ist vorzeiten auch eine sondere Graffschafft gewest/ Hamburg die stat hat darein gehört.

Diethmarus / Hertzog Bennonis son zu Sachsen/ vom ge= schlecht Hermañ/ ist Graff zu Stormarn gewesen. Saxoni.lib. 4. cap.25.

Anno 1116 hat Keyser Lotharius / Adolpho Graffen zu Schawenburg dise herrschafft Stormarn gelihen/ als Gottfrid erschlagen ward. Helmol.cap.36. Metrop.lib.6.cap.5.

**Stromberg/** Eine Herrschafft inn Westphalen/ ist vn= der dem Keyser Carolo dem IIII dem Bischoff zu Münster zuge= stalt worden/ als der Graff auß etlichen vrsachen/ vom Keyser ward inn die acht erkleret. Hamel.

**Supplinburg/** Gebhart /Keyser Lotharij vatter ist ein Graff zu Supplinburg gewesen. Metrop.lib.6.cap.10.

Wo aber dise Graffschafft gelegen ist/ kan ich eigentlich nicht wissen. Vil haltens dafür / das es sey gewesen Stoppel= berg inn Westphalen / von welchem Hause man noch heüt zu tage sihet alte gemewer/ auff dem Hügel bey dem Wäs=
serlein

ſerlein Emmer/nicht weit von der ſtat Stenen/ bey dem Schloß
Aldenburg.

Der Biſchoff zů Badeborn/ vnd die Graffen zůr Lippe haben
diſe herrſchafft vnder ſich getheilet.

Das geſchlecht diſer Graffen findeſtu droben bey der herrſchafft
Arnsberg.

### Tecklenburg/ Eine herrſchafft ligt im Stifft Oſnabruck.

Anno 860 zůr zeit Ludouici Pii hat gelebt Graff Cobbo von
Tecklenburg/ iſt dem Keyſer lieb geweſen/ darumb er auch inn vn-
dern Sachſen ſich viel vnderſtanden/ inn den Stifften geordnet
was er gewolt/ vnd als der Biſchoff zů Oſnabruck von wegen der
Conſpiration/ ſo wider den Keyſer gemacht war/ fliehen můſte/ vnd
heimlich inn das Kloſter Fulda kam/ da entzog diſer Graff dem
Biſthumb viel gůter/ vnnd gab ſie zům theil dem Kloſter Corbey
vnnd Herfort/ da ſeine freůnde innen waren/ vnd damit ſie denen
bleiben mochten/ hat er verſchaffung gethan/ das ſolche leůte zů
Biſchoffen des ortes auffgenommen wurden/ die es wol bleiben
lieſſen. Metrop.lib.1.cap.40.& lib.2.cap.17.

Anno 1176 als Heinricus Leo iſt betrieget vom Keyſer Fri-
derico/ vnnd des Reichs Fürſten inn Sachſen/ iſt Graff Simon
von Tecklenburg dem Ertzbiſchoffe zů Cöln zůgezogen/ aber inn
der ſchlacht gefangen worden/ vnd nach ſeiner erledigung trewlich
bey dem Hertzogen gehalten. lib.6.cap.39. Saxo.

Denn als der Keyſer für Lübeck kam/ wolten jhn die Lübecker/
die doch ſonſten dem Keyſer wol geneiget waren/ nicht einlaſſen/
weil des Hertzogen volck darinnen lag/ vnder denen der fürnemb-
ſte war Graff Simon von Tecklenburg. cap.43. eiuſdem loci & libri.

Anno 1178 iſt Simon Graff zů Tecklenburg in der ſchlacht
mit dem Biſchoff Weichman zů Magdeburg/ vnd Vlrich zů Hal-
berſtat gehalten/ mit vielen andern herrn erſchlagen worden/ ſagt
Chro. Saxo.

#### Simon/ Graff zů Tecklenburg

| Otto/ diſer hat dem Kloſter zů Dizede viel güter geben/ welche der Biſchoff zů Oſnabruck beſtettiget hat. Metrop.lib.6.cap.44. | Sophia Graff Herman zůr Lippen gemahel. Anno 1200. | Simon. \| Ludwig/ Biſchoff zů Münſter. Metr.lib.7.cap.15. |
|---|---|---|

## Stambůch.

Anno 1201 ist Graff Simon Ludouici vatter von Tecklenburg/ Graff Adolff von Holstein dem Marggraffen Otten beygestanden/ wider den König von Denmarck Canutum.lib.7.cap.18.Sax.

Anno 1207 hat diser Graff Simon von Tecklenburg mit Graff Herman von Rauensburg gekrieget/ vnd als sie im felde zů samen kommen/ thaten sie ein solch treffen mit einander/ das Graff Simon tod blib. Aber gleichwol gewahn sein volck die schlacht/ vnd fiengen Graff Herman von Rauensburg/ vnd seinen son Otten/ mußten sich beyde lösen. Chro.Saxo.

Es haben auch die Graffen zů Tecklenburg dem Bischoff zů Münster Gottschalco hart zůgesetzt/ weil er nicht von hohem Adel geborn war/ aber er hat sie wol gedemütiget. Metrop.lib.7.cap.11.

Als der Graff von Isenburg ist geradbrecht worden/ von des wegen/ das er dē Bischoff zů Cöln hatte ermordet/ war der Graff von Tecklenburg auch schier zů maße kommen/ wenn er sich nicht der auflage hete genug entschuldiget.lib.7.cap.43.Metrop.

Anno 1280 ist der Graff von Tecklenburg/ bürge worden/ für Graff Simon von der Lippe/ der vom Bischoff zů Osnabruck gefangen war. Metrop.lib.8.cap.52.

Anno 1385 haben die vō Osnabruck/ mit hülffe der stat Münster den Graffen von Tecklenburg bekrieget/ vnnd dahin gezwungen/ das er sie mußte lassen bey jhren alten gerechtigkeiten bleiben. Saxo.lib.10.cap.7.

Graff Nicolaus von Tecklenburg/ Graff Otten son/ hatte zům ehegemahel eine Gräffin von Mors oder Morse Dieterichs des Ertzbischoffen zů Cöln schwester/ hat seine güter vom Bischoff zů Osnabruck in die Lehen nemen müssen. Metrop.lib.10.cap.4.

Er hat einen Bruder gehabt/ Graff Otto/ der hat zůr ehe genomen des Graffen tochter von der Lippe/ vnnd mit jhr bekomen zůr mitgifft vil güter der Kirchen zů Osnabruck zůstendig. Die hat der Bischoff von jhm gefoddert/ er aber wolte sie jhm nicht folgen lassen/ darüber erhub sich ein schwerer krieg/ Aber wie dem allem/ hat Bischoff Dieterich zů Osnabruck endlichen mit hst so vil zůwegen gebracht/ dz er die güter der Kirchen wider bekam. Met.lib.10.cap.84.

Der Bischoff vō Münster hat des Graffen auch nit geschont/ jm auß der maßen hart zůgesatzt/ vñ jn endlichē dahin bracht/ dz er jm

müste

müſte einen fußfall thůn/ vnnd die vorgeſchlagene friedwege annemen. cap. ſequenti.

Dem obgenannten Graffen Nicolao von Tecklenburg hat der Biſchoff von Minden das hauß Reynenberg genommen/ weil er der Kirchen entwider war. Metrop. lib. 11. cap. 42.

Der letſte Graff zů Tecklenburg Cůnradus/ hat nur eine tochter gehabt/ die hat gefreyet der Marggraff von Benthen/ vnnd alſo die Graffſchafft Tecklenburg an ſich bracht.

**Vechta/** Eine Graffſchafft ligt inn Weſtphalen/ der Biſchoff von Münſter hat ſie jetzunder/ Graff Otto von der Lippe zů Münſter Biſchoff hat ſie mit groſſem geld darzů gebracht. Metrop. lib. 8. cap. 31.

**Walbke/** Iſt vorzeiten eine Graffſchafft geweſen/ ligt im Holtzlande/ bey Helmſtet.

Anno 969 hat gelebt Graff Leüthart/ der hat auf dem ſchloß ein Kloſter Canonicorum Regularium geſtifftet/ damit er můſſte büſſen/ was er an dem Keyſer Otten verbrochen hatte. Chro. Saxo.

Es ſeind die Graffen reiche herrn geweſen/ als Herman Billings geſchlecht aufgeſtorben war/ kam die Burggraffſchafft zů Magdeburg an ſie. Annal. Magde.

Anno 1024 hat gelebt Luderus/ des Son Bruno/ ein Graff zů Walbke/ iſt ein Apt worden zů Mönchenewemburg/ ſein bruder Siffridus iſt Biſchoff zů Münſter worden. Cœnob. Monche neuemburg Collect.

Anno 1214 hat Keyſer Otto der IIII. die Pfaffen verjagt/ vnnd auß ihrem Kloſter ein Raubhauß gemacht/ damit er auff die Stifft ſtreiffen kundte. Aber der Biſchoff zů Magdeburg verſtört es wider/ vnnd richtet auff die Canoney/ die denn noch jetzunder vorhanden iſt. Annal. Magd.

**Waldeck/** Eine Graffſchafft in Weſtphalen/ die noch heüt zů tage vorhanden iſt.

Heinricus Leo hatte gefangen viel Herrn vnd kriegsleüt/ die er dem Keyſer zů ehren wider loß ließ/ vnder denen war Graff Widekindus von Waldeck. Metrop. lib. 7. cap. 9.

Diſer

Diſer Graff Widekindus iſt mit dem Keyſer inns Heylige land gezogen / vnnd ſeine gütter dieweil dem frommen Biſchoff zů Padebom Bernhardo befohlen. lib. 7. cap. 18.

Graff Widekindus iſt der 30 Biſchoff zů Oſnabruck worden. lib. 8. cap. 7.

Anno 1300 ohngefehr hat gelebt Eliſabeth von Waldeck / Graff Heinrichs zů Hohnſtein gemahel.

Graff Adolff von Waldeck der 44 Biſchoff zů Vtrecht geweſen / ſeine mutter ſol Helena geheiſſen haben / eine geborne Marggraffin von Brandenburg. Er ſtarb Anno 1320.

Anno 1321 hat Graff Heinrich von Waldeck ſein land vom Biſchoff Bernhart zů Padeborn inn die lehen genommen. lib. 9. cap. 5.

Anno 1385 hat gelebt Heinrich Graff zů Waldeck.

Graff Gotfridus iſt der 38 Biſchoff zů Minden worden / der hat das feſte hauß Petershagen gebawet an der Weſer. lib. 9. cap. 19.

Hertzog Philipps von Braunſchweig / vnd Grubenhagen (der jetzigen herrn vattern ſeligen) Fraw Mutter Lyſa / iſt eine geborne Graffin von Waldeck geweſen.

J

## Der letsten Graffen zů Waldeck Genealogi ist dise.
### N. Graff zů Waldeck.

Philippo, Stattbalter auff der herrschafft Rauchenburg, sein N. gemahel Catharina von Querfurt.

Philippo, Graff zů Waldeck, sein erst gemahel Anna Gräffin auff Friesland. Die ander N. eine von Hoyfelde. Die dritt Juta, Gräffin von Nider Eisenburg.

### Von der ersten

- Philipo, sein erst gemahel Albrit, Gräffin von der Boia. Die ander Anna geborne H. von Cleve.
- Franciscus, Bischoff zů Münster.

### Von der ersten (II)

- Elisabeth, Graff Rein harts zů Eisenburg gemahel.
- Samuel, sein gemahel Anna Maria Gräffin von Schwartzburg.
  - Günther, N. N. N.

Daniel, sein gemahel Ludwica geborne Landgräffin zů Hessen, des Graffen zů Mümpelgart nachgelassene Wittfraw.
- Margreth.

Marsgreth.

Heinrich, sein gemahel N. Hermann Vicemannis dochter.

Anna Stasia, N.

Frides rich,

N. N. zwo töchter.

### Von der andern

Volrath, sein gemahel Ignatia Gräffin von Schwartzburg.

Philippe, ein Thumherr.

Johathas, sein gemahel Ina Gräffin von der Lippa.
- Philipo N. N. N. Söne

Frantz, sein gemahel het eine Nideren derin.
- N. N. Töchter

Albrit Waldeburg

Hans Günther

Juta, Imelga

Catharina, Graff Bernharts zůr Lippen gemahel.

Magdalena Lucia

N. Wolrath

Anastasia

### Von der dritten

- Erica, nam einen herrn von Mansberseit.
- N. eines herrn von Melaun gemahel.
- Elisabeth,
- Heinrich Wilhelm

Bonoria, oder Anna Erich

Catharina, Graff Friderichen von der Boia vermählet.

Franz, Elisabeth,

### Warberg

## Stambůch.

**Warberg/** Eine herrschafft im Braunschweigischen lande gelegen/ wiewol Crantz sie nůr Barones/ das ist/ Freyherrn/ oder Panerherrn nennet.

Anno 968 ist Arnolt herr zů Warberg/ auff dem Thurnier zů Merseburg gewesen.

Anno 1184 sol Burckhart von Warberg/ beneben andern Graffen vnd herrn zů Erfurd/ im vnflaht/ als der Bodem einfiel/ darauff in S. Peters Closter der Keyser Fridericus/ eine versamlung hielt/ verdorben sein. Crantz. in Saxoni.lib.6.cap.45.

Anno 1275 hat gelebt Cůnrad Graff zů Warberg.

Anno 1411 ist Heinrich Graff zů Warberg Bischoff zů Halberstat gewesen. Metrop.lib.11.cap.8.

Otto/ des Bischoffs zů Halberstat bruder/ ist fůr Derneburg von denen von Schweichelde erschlagen worden. Metr.lib. .cap.11.

Anno 1455 ist Graff Burckhart Bischoff zů Halberstat gewesen. Metrop.lib.11.cap.35.

**Warburg/** Eine herrschafft im Stifft Padeborn/ dauon dise stat Warburg noch vorhanden ist.

Der 10 Bischoff zů Padeborn Meinwercus sol sie haben vom Keyser Heinrich dem andern bekommen/ als Dedicon der letzte Graff gestorben war/ vnd also ist dise herrschafft zům Stifft Padeborn kommen. Metrop.lib.4.cap.4.

**Welpe/** Ist auch der alten Graffschafften eine. Albertus der V. des namens/ Graff zů Ascania/ vnnd Ballenstett/ nam zůr Ehe Hildam eine Erbtochter/ vnd Gräffin zůr Welpe/ vnnd die brachte jhm zůr mitgifft die Graffschafft Welpe/ ward damit belehnet vnnd ein Graff zůr Welpe/ die jnen gehabt vnd besessen/ biß Anno 1435 haben die Hertzogen zů Braunschweig die herrschafft an sich bracht. Chro. Saxo. & Saxo. Crantz lib.11.cap.31.

Anno 1180 ist Graff Bernhart von der Welpe/ Heinrich dem Löwen trewlich beygestanden/ wider den Bischoff zů Cöln. Saxo. lib.6.cap.29. Es ist auch diser Graffin der stat Lübeck mit gelegen/ da der Keyser ist dafůr kommen/ lib.eodem cap.43. Ist also diser

J ij

Graff Bernhart / Heinrici Leonis gar güter / vnd getrewer freünd gewesen / vnd fest bey jhm gehalten. lib.7.cap.1.5.& 16.in sua Saxo.

Anno 1208 ist Graff Iso von der Welpe Bischoff worden zů Verden / inn der ordnung der 32. Metrop. lib.7.cap.30.

Anno 1236 hat der Graff von der Welpe die stat Verden eingenommen. lib.7.cap.48.Metrop.

Graff Gerhart von der Lippe Ertzbischoff zů Bremen / hat Graffen Bernhart von der Welpe dz hauß Ottersberg genommen. Metrop.lib.7.cap.40.

Anno 1278 ist Bernhardus Graff zůr Welpe Bischoff zů Magdeburg worden. Metrop.lib.8.cap.38.

**Werle.** Es sollen zwey Werle sein / Das eine ist gelegen an Meckelburg das land stossend / Keyser Heinrich hat alda seinen sitz gehabt / als die Vngern inn Sachsen gefallen seind / vnd alles verwüstet / ist er eben auff Werle gewesen. Saxo.lib.5.cap.7.

Es hat auch der König zů Dennmarck / Zwenteplochius dise stat belegert / weil sein brůder Canutus erschlagen war / vnnd hat sie eingenommen. Saxo.lib.5.cap.19.

Anno 1160 ist Hertzog Heinrich zů Sachsen wider die Obotriten Wenden gezogen / vnnd jhr land eingenommen / hernacher als sie wider zů gnaden kamen / hat er Nicloti kindern etliche lande wider zů gestalt / vnder denen Werle auch gewesen / vnd sich dauß herrn geschrieben. Saxo.lib.6.cap.19.

Wie denn Graff Heinrich hernacher mit Graff Adolph von Schawenburg / vñ Gerhart Bischoff zů Bremen / Heinrichen vō Schwerin / ist dem Könige zů Dennmarck ins land gefallen / liß Crantz.lib.7.cap.38.

Dz and Werle sol in Westphalen gelegen sein / vnder dem Bischthum Cöln / vñ sol des geschlechts gewesen sein Graff Heinrich vō Werle / Bischoff zů Padeborn Anno 1084 / welcher sich denn wol hat gethumelt / ehe er dz Bisthum behalten wid Graff Heinrich vō Aslo / so wider jn erwehlet war / auch hat er seinē promotorn Keyser Heinrichen bey gestandē / vñ die Sachsen redlich zů Chor getribē / sonderlich die Bischoff / so wid den Keiser warē. Metrop. lib. 5. cap.11.

**Wernigeroda** / Eine herrschafft am Hartze gelegen zwo meilen vber Halberstat / welche die herrn von Stolberg jetzt innen haben /

## Stammbůch.

haben/vnd kan wol sein/das es heist der Beringer Rod/das sie es gebawet haben.

Ir Wappen seind zwen Forellen Fisch.

Anno 937 hat gelebt Ernst herr zů Wernigeroda/ist auff dẽ Thurnier zů Magdeburg gewesen.

Anno 1042 ist herr Heinrich zů Wernigeroda auff dem Thurnier zů Hall inn Sachsen gewesen.

Anno 1207 hat Hertzog Wilhelm zů Braunschweig Lichtẽberg belagert/welches Graff Herman vnnd Heinrich von Wernigeroda Keyser Otten abgewunnen hatten. Da sie nůn in der besatzung grossen hunger litten/kam Bischoff Albrecht von Magdeburg mit Landgraff Herman von Düringẽ/vnd speisetẽ die burg. Chro.Saxo.

Anno 1240 hat gelebt Gebhart herr zů Wernigeroda.

Anno 1255 hat Graff Cůrt zů Wernigeroda zůr ehe genommen Elisabeth Hertzog Hansen tochter zů Lüneburg. Chro Saxo.

Anno 1261 hat Graff Gebhart von Wernigeroda etlichen Wiesen wachs am Clangen berge bey Gorflar dem Kloster Walckerieth zůgewand.

Vmbs jar 1273 findet man einen herrn zů Wernigeroda mit namen Conrad.

Desgleichen auch vmb das jar 1301 Albrechten/vnd Friderichẽ Graffen vnnd herrn zů Wernigerode.

Anno 1323 haben gelebt Conrad vnd Gebhart herrn zů Wernigerode.

Also auch Anno 1332 Friderich vnd Conrad.

Vmb das jar 1358 findet man noch einen andern Conrad.

Anno 1381 verloren die Graffen zů Wernigeroda einen streit/dẽ gewan jnen ab des Bischoffs hauptman mit hůlffe der Burger zů Magdeburg. Graff Cůrt ward gefangen selb dreissigste vñ verlor in die 70 Sattelpferde/Graff Dieterich aber entkam in die Bruck Asserszleben/darnach auff die Burg. Aber Bischoff Ludwig vnd die burger zogen fůr Bapstorff vnd gewunnen die raubkirchen vñ den festen hoff. Darnach zogen sie fůr Langeleben biß das Graff Dieterich sich dem Bischoff gefangẽ einstellet/wolt er nůn loß sein/

J iij

müßt er geben 400 Marck/den hoff zů Bapstorff verlassen/vñ sein
land vom Bischoff inn die lehen nemen. Chro. Sax. Met. lib. 10. cap. 15.

Anno 1385 haben die Sächsischen Fürsten vnd Hartzgraffen
einen offentlichen landfriden bewilliget/dz man in Sachsen gleich
so wol/als inn andern landen/sicher reisen/handeln vnd wandeln
möchte/Disen landfrieden sol Graff Dieterich von Wernigeroda
nicht gehalten haben/inn dem er vnnerwarneter sache d as hauß
Blanckenburg gewaltsamer weise eingenommen/vnd zů gar Ty-
rannisch gehandelt/Derhalben würt er gefoddert vnd angeklagt of-
fentlich im felde/vnnd nach genůgsamer verhör/erkentnuß vnnd
vrteil zům strange/ist er von einem seinem diener Bleicherod ge-
nannt/zům ersten verwundet worden/auß geheiß der vmbste-
henden herrn/darnach von den andern jämmerlich durchstochen.
Anno 1386/vnd darnach gehenckt. Saxo. lib. 10. cap. 7. & Chro. Saxo.

Anno 1408 ist Graff Cůnrad der älter von Wernigeroda ge-
storben vnnd gelassen

Cůnraden/      Albrechten/
               Graff Bothen zů Stolberg vettern.

Anno 1411 ist Albrecht Graff zů Wernigeroda der 35 Bischoff
zů Halberstat worden. Anno 1419 am tag Gorgonij gestorben.
Chro. Saxo.

Anno 1422 hat Graff Heinrich der letste Graff zů Wernige-
roda/die Stifftgenossen zů Hildesheim inn dem Assenburger ge-
richte geschlagen. Chro. Saxo. Ist Anno 1529 gestorben/vnnd hat
Graff Botho zů Stolberg die herrschafft bekommen.

**Wethin/** Eine herrschafft vor zeiten an der Salah/ist das
hauß noch vorhanden.

Widekindus sol es gebawet haben Anno 780. Seine nachkom-
men haben lange zeit da gewohnet/welches stammens vnd herkom-
men denn seind die hochgebornen Fürsten zů Sachsen heüt zů tag
in Meissen vnd Thüringen wonende.

Anno 1107 hat Graff Thimo võ Wethin zůr ehe genommen her-
tzog Ottẽ tochter an d´ Leyna/Ida genañt/vnd mit jr gezeüget Cůn-
radum Marggraffen zů Meyssen/der den Petersberg gestifftet/
hat viel kinder gezeüget/vnder andern waren

Heinrich

## Stambůch.

```
            ┌─────────────┴─────────────┐
   Heinrich/Graff zů Werhin.         Otto/von diſem kommen die Her-
        │                            zogen zů Sachſen.
      Ulrich
   ┌─────┴─────┐
Otto/diſer ward Biſchoff    Heinrich/Graff zů Werhin. Da diſer ſtarb/
zů Minden. Metrop.lib.10.   kam die Herrſchafft ans Stifft Magde-
cap.25.                     burg.
```

Anno 1377 hat diſe herrſchafft Biſchoff Albrecht võ Stern-
berg/da er dz Biſthumb verließ/ vom Stifft verkaufft/ für ſechß-
hundert Marck. Annal. Magde.

Jetzunder habens innen die Kroſicker/ ſo die im Winckel genant
werden/vnd darnach die herrn/ ſo das hauß Rotenburg beſitzen.

Das Wappen ſchreibt Brot.in Chro.Merſe.lib.1.cap.12. ſol ein Roter
Adler im güldenen felde geweſen ſein.

### Winſenburg/ Eine Graffſchafft ligt im Stifft Hildeß-
heim.

Anno 937 iſt Graff Heinrich zů der Winſenburg mit auff dem
Thurnier zů Magdeburg geweſen.

Anno 1116 war eine groſſe zwieſpalt vmb das Biſthumb Mün-
ſter/ denn die Stifftgenoſſen wehleten einen genant Burckhart/
Keyſer Heinrich gab endlich auch ſeinen Conſens darzů.   Aber
als der krieg angieng zwiſchen dem Keyſer vnd Sachſen/ wurde
diſer Biſchoff entſatzt/ vnd Dieterich von Winſenburg angenom-
men/Da nun der Keyſer wider inn Sachſen kam/ entſatzt er diſen
Dieterich/vñ nam Burckhart wider an/ das weret ſo lange biß dz
Burckhart auff dem wege nach Conſtantinopel/dahin jn der Key
ſer geſchickt/ſtirbt/da würt Dieterich wider eingeſetzt von Lotha-
rio/ vnd des Biſchoffs brüder dem Graffen zůr Winſenburg/vnd
das geſchah mit gewalt/ſindemal die Stifftgenoſſen jme gantz zů
wider waren. Metrop.lib.6.cap.9.

Des obgenannten Biſchoffs brüder ſeind geweſen.

```
        ┌─────────────────┴─────────────────┐
   Hermannus/                          Heinricus/ auch Graff zů Aslo
                                       oder Daſalo wie Crantz ſagt
                                       in Saxo.lib.6.cap.18.vnnd
                                       Metrop.lib.6.cap.13.
```

J iiij

Vnd seind dise beyde Graffen vom Keyser neben andern verordnet/ das sie haben sollen helffen vertragen/ den vnwillen so der Bischoff zu Bremen Adelbert vnd Heinrich Leo mit seinen fürmündern der Graffschafft Diethmarschen halben/ wider einander hatten. Metrop. lib. 6. cap. 18.

Hermañus/ ist der letste gewesen/ der hat an seinem Hofe gehabt einen Edlen Ritter auß Schwaben/ den schickt er auff ein zeit hinweg/ vnd inn seinem abwesen schendet er jhm sein Weib. Da nun der Ritter zu hauß kumpt/ vnnd findet die sach mit dem Weybe nicht richtig/ gehet er inn einem zorn inns Graffen gemach/ vnnd ersticht jhn sampt dem Weibe im Bette/ vnd zeucht dauon. Als das der Bischoff zu Hildesheim durch einen sondern Geist erfaren/ zeücht er des orths vnd nimbt die herrschafft ein. Metrop. lib. 6 cap. 11. & Chro. Saxo.

Doch hat die Sächsische Chronica Anno 1133 ein andere meinung/ warumb dise herrschafft võ Bischoffe zu Hildesheim eingenoñen sey/ vnd der Graff gerichtet/ Nemlichen das er zuuorn den Graffen von Luchaw hatte ermordet.

Alfeld die stat hat auch zu diser herrschafft gehört.

Anno 1240 hat der 29 Bischoff zu Hildesheim die Burg herrlich lassen auff bawen vnd zurichten. Buschius.

**Wipra/** Eine herrschafft am Hartze gelegen/ den Graffen von Mansfeld jetzunder zustendig.

Anno 1440 hat dise herrschafft Graff Bruno von Querfurdt den herrn von Mansfeld verkaufft für 6000 Gulden.

Magister Cyriacus Spangenberg würt zu seiner zeit von diser herrschafft auch weitern bericht thun.

**Woldenberg/** Eine feine Graffschafft für zeiten / Bocklem die stat hat auch darzu gehört/ ligt im Stifft Hildesheim.

Anno. 996 ist Sigmund herr zu Woldenberg auff dem Thurnier zu Braunschweig gewesen.

Anno 1182 hat Keyser Friderich Woldenberg das hauß belagert vnnd gewunnen/ Dieweil es der Graff mit Heinrico Leone gehalten.

## Stambuch. 105

gehalten. Saxo. lib. 6. cap. 42. & Chronicon Saxonicum.

Anno 1242 hat Graff Herman von Woldenberg helffen Mönchenewemburg auß brennen. Annales Cœnobii.

Anno 1270 lebte Graff Burckhart von Woldenburg/des söne waren

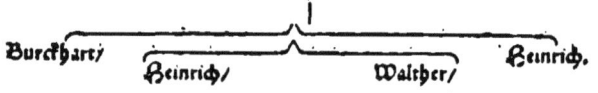

Burckhart/  Heinrich/  Walther/  Heinrich.

Anno 1310 ist Graff Heinrich von Woldenberg der 34 Bischoff zů Hildesheym gewesen/ hat siben jar regieret vnd gebawet den Steürwalt vnd Hundestruck Chro.Saxo. vnd nach jm ist Graff Otto auch Bischoff worden / vnnd weil er der letste auß dem geschlecht war/ hat er die herrschafft ans Stifft bracht. Metrop. lib. 9.cap.3. & 11.

Der heilige Benno so vor zeitē Bischoff zů Meissen gewesen ist/ vnd lang hernacher von einem hertzogen zů Sachsen erhaben / ist auch ein Graff von Woldenberg gewesen.

**Wolffenbeüttel.** Anno 1091 hat alda gewohnet ein Edler herr mit namen Widekind der hat sich mit d stat Braunschweig vnnd Marggraff Eckbrichts schwester Gerdraut verbunden/ wider Keyser Heinrichen den vierden. Saxo. lib.4.cap.44.

Anno 1193 hat das Castel gewunnen vnd eingenommen Heinrich der Lewe/ vnd den Edlen herrn Ludolphum sampt seinē son Eckbrecht gefangen genommen/ vnd die zeit jres lebens in der Custodien gehalten/auß vrsachen/ dz er jnen hatte zům verweser vnnd besitzer seines Fürstenthumbs vnd haußhaltung/als er in das Gelobte land gereiset / bestellet/ er aber vntrewlich gehandelt hat. Helmold. lib.1.cap.1. & Chro. Saxo.

Anno 1382 Ist Wolffenbeüttel eingenomen von Hertzog Friderich zů Braunschweig vñ der Stat/ weil hertzog Otto in der Messe war vnd bettet/ vnnd der hauptman mit seinem beystand inn die schencke gangen war. Chro.Saxo.lib.10.cap.5.Saxo.

Es haben die hertzogen zů Braunschweig das hauß vnnd die herrschafft noch heüt zůtage/ vnd halten jren sitz darauff.

Anno 1542 hat es d Churfürst zů Sachsen/ hertzog Johan Friderich

J v

derich vnd der Landtgraff zů Hessen eingenommen/ derhalben/dz für Hertzog Heinrichen die Protestierende stende/ keinen fride noch thů haben kunden. Ist aber hernach/ als der Churfürst gefangen/ jme wider nach seiner erledigung zůgestelt worden Anno 1547.

**Wunstorff/** Eine Graffschafft im Hertzogthumb Braunschweig gelegen.

Anno 937 ist Friderich Graff zů Wunstorff auff dem Thurnier zů Magdeburg gehalten/mit gewesen.

Anno 1114 haben die Graffen gestifftet das Augustiner Closter zů Verden. Metrop.lib.6.cap.33.

Anno 1260 ist Graff Widekind Bischoff zů Minden auff die Hertzoge zů Lüneburg vnd den Graffen von Wunstorff gezogen/ mit hülff der stat Minden / vnd gegē sie dz feld behalten. lib.8.cap.16.

Es sol auch Hildebrandus Bischoff zů Bremen ein Graff von Wunstorff gewesen sein/ schreibt Crantz in Metrop.lib.8.cap.20.

Anno 1461 haben gelebt Julius Heinrich vnd Ludolph Graffen zů Wunstorff/ werden in einē brieffe vō dem Graffen zů Mansfeld vnnd herrn zů Querfurt liebe schweger / Ohmen vnd G. H. genennet.

Anno 1481 hat Graff Ernst zů Hohnstein eine tochter einem Graffen zů Wunstorff ehelichen versprochen.

Hertzog Wilhelm zů Braunschweig hat dise Graffschafft erkaufft vnnd vnder das hertzogthumb Braunschweig bracht. Saxo. lib.11.cap.31.

**Zorbick/** Eine Graffschafft ligt zwischen der Salen vnnd Elbe/ man sagt/dz vor zeiten die Sorabj da sollen gewohnet haben/ vnd die Burg gebawet. Darnach haben sie einbekomen Widekindj nachkommen/die Marggraffen zů Meissen/ Landgraffen inn Thüringen vnd Hertzogen zů Sachsen worden seind.

Anno 1260 bracht Rupertus ein Graff zů Mansfeld vnd Ertzbischoff zů Magdeburg dise herrschafft zům Stifft. Metrop. lib.8.cap.23.

Register

# Register vnd kurtzer innhalt dises Büchs.

## A
Ahusen 4
Ahusen vnd Diepene zerrissen 4
Ahusen kompt aus Bisthumb Münster 4
Albertus Vrsus 5
Aldenhausen 1
Alsleben 1
Aluensleuen 3
Aluensleuen kompt an Brandeburg 3
Aluensleuen kompt ans Bisthumb Halberstat 3
Aluensleuen kompt ans Bisthumb Magdeburg 4
Anhalt 4
Anhalt würt zům Fürstenthumb 5. 6.
Anhaldische Wappen 5. 6.
Anhalt hat in Sachsen regiert vor Caroli Magni zeiten 5
Arnsberg 6
Arnsberg gewonnen vnnd zerstört 8
Arnsbergisch Wappen 7
Arnstein 10
Graff von Arnstein erschlagen 10
Arnstein kompt an Manßfeld 10
Arnsteinische Wappen 10
Artus König in Engelland 60
Ascania 11
Ascania zerstöret 11
Ascanische Wappen 12
Aslo 12

## B
Ballenstet 12
Barenburg eingenommen 49
Barbey 15
Beyernewemburg 85
Benthem 21
Bernthobaldus der Sachsen König kompt vmb 13
Bischoff von Cöln erschlagen 50
Bischoff von Magdeburg erschlagen 84
Bischoff von Halberstatt thut den Keyser inn Bann 58
Blanckenburg 22
Blanckenburg belegert võ Keyser Friderich Barbarossa 22
Braunschweig 23
Braunschweig gebawen 23
Braunschweig zům Hertzogthumb gemacht 24
Breme 23
Brockhausen 24
Brunckhorst 25

## C
Caluort belegert 4
Churfürsten zů Sachsen ankunfft 5
Closter zů S. Johanns zů Alsleben 2
Clotaw gestifftet 57.

## D
Dannenberg 25
Dannenberg belegert 25
Dannenberg kompt an Lüneburg 25
Dasenberg 25
Dasenberg belegert 25
Dasenberg ergibt sich 26

Dassel

## Register.

Daſſel 26
Delmenhorſt 27
Delmenhorſt zwitrechtig 28
Delmenhorſt vom Biſchoff võ
  Bremen eingenommen 28
Deſſaw 28
Dieſſholt 29
Dietmarſchen 30
Dietmarſchẽ ſeind auffrůrig 30
Dinrſtlacken 31
Dortmůnd kriegt wið die Graf-
  fen von der Marca. 62

### E
Eberſtein 31
Eberſteyn belegert. 33
Eglen 33
Eglen kompt an die Graffen
  von Barbey 33

### F
Falckenſtein 33
Friderich König inn Sicilien
  wůrt Keyſer 32
Friðburg 34
Friðburg verkaufft 34

### G
Gebeckenſteyn 35
Gebeckenſtein kompt ans Bi-
  ſthumb Magdeburg 35
Göttingen 35
Gernrode dz Kloſter geſtifftet 58

### H
Hadmersleben 36
Hadmersleben kompt ans Bi-
  ſthumb Mag. vñ Halberſtat 36
Hackeborn 37
Halberſtat vberfallen vnnd ge-
  plündert 76
Haldesleue 38
Haldesleuen belagert 38
Haldesleuen zerbrochen 38
Haldesleuen wið gebawet 38

Hallermund 38
Heruord 39
Holte 39
Holte belegert 39
Holſtein 40
Holſtein kompt an Schawen-
  burg 40
Holſtein komt an Oldẽburg 40
Hohnſtein 42
Homburg 47
Helffta geplündert 47
Horſtmar 47
Hoia 47
Hundsruck 49

### J
Iſenburg 50
Itter 51

### K
Kappenberg 52
Katelenburg 52
Kateleburg wůrt zů Cloſter 52
Keyſer Otto der IIII kompt inn
  Bann 16
Kettler auff Aolo 12
Königslautter 38
Krieg zwiſchen der ſtat Bremẽ
  vnnd ihrem Biſchoff 9
Krieg zwiſchen den Graffen võ
  Oldenburg gebrůdern 67

### L
Lotharius ſiget wider Keyſer
  Heinrich den fünfften 7
Lotharius wůrt zům Keyſer er-
  wöhlet 7
Lawenburg belegert 27
Landsberg 53
Lauenrode 53
Lauenrode zerriſſen 54
Linaw 54
Linaw verkaufft dem Hertzog
  von Sachſen 54
Lippe 54
Luchaw

## Register.

Luchaw 56

### M
Magdeburger kriegen mit jrem Bischoff 1
Mönchenewēburg gestifftet 59
Mönchenewemburg würt verbrennet 36. 76
Magnus Hertzog zů Braunschweig 53
Magnus Hertzog zů Braunschweig würt gefangen 53
Magdeburg eine Burggraffschafft 57
Mansfeld 60
Martinus Lutherus 60
Mansfeld kompt in die Acht 60
Mansfeldischer Herrn vrsprūg 61
Marca 61
M:lueroda 63
Müsingen 63

### N
Northeym 63
Nortringen 64

### O
Osterburg gewonnen 1
Oldenburg 65

### P
Pyrmont 68
Peyne 68
Peyna belegert 68
Peyna ergibt sich an Bischoff von Hildesheym 68
Petershagen an der Weser gebawen 97
Plesse 69
Plozke 69
Plozke gewonnen 70
Poppenburg 70

### Q
Quedlenburg gewonnen 34
Querfurt 70

### R
Rauensburg 75
Reinsteyn 76
Retberg 78
Reuenung 79
Ringelheym 80

### S
S. Gehülffe 29
S. Vicelinus 31
Schawenburg 81
Schima gestifftet 38
Schlacht für Hohnsteyn 42
Schlacht bey Ossderungen 43
Schlacht bey Winsen 48
Schlacht bey Welssesholtz 60
Schlacht zwischen den grafen von Tecklenburg vñ Rauenspurg 75
Schrapla 84
Schwalenberg 84
Seeburg 85
Sladem 83
Sladem gewonnen 84
Solms 86
Soltaw 87
Sommerseburg 87
Spiegelburg 89
Staden 89
Stargart 65
Stenfort 90
Stenfort belegert 48
Sternberg 91
Stolberg 91
Stormar 93
Stromberg 93
Supplinburg 93

### T
Tanquarts

## Register.

**T**
Tanquartsrode gebawen 23
Tedingshausen eingenommen 24
Thummersehe 29
Tecklenburg 94

**V**
Vnseburg das Schloß gewunnen 16
Vnseburg zerstört 16
Vechta 96

**W**
Walbke 96
Waldeck 96
Warberg 99
Weissselsburg gebawen. 8
Welpe 99
Werle 100
Wernigeroda 100
Wethin 102
Winsenburg 103
Wipra 104
Woldenberg 104
Woldenberg gewonnen 104
Wolffenbeüttel 105
Wunstorff 106

**Z**
Zorbeck 106

Ende deß Registers.

# Getruckt zů Straßburg
bey Josias Rihel/im Jar 1570.